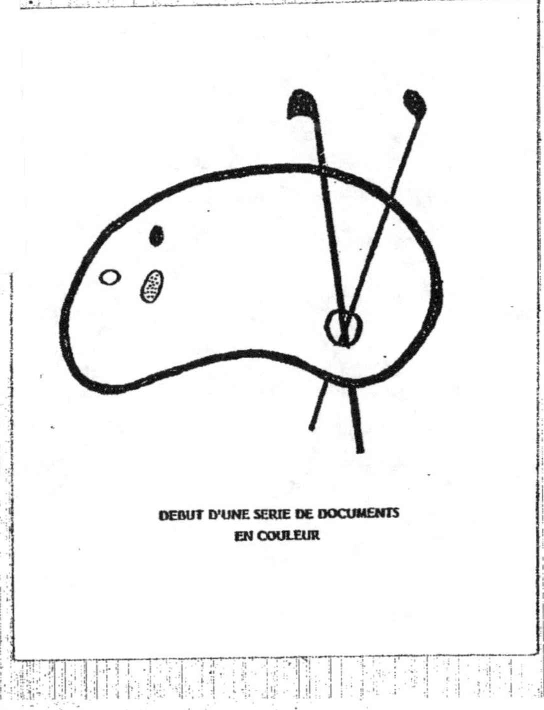

DEBUT D'UNE SERIE DE DOCUMENTS
EN COULEUR

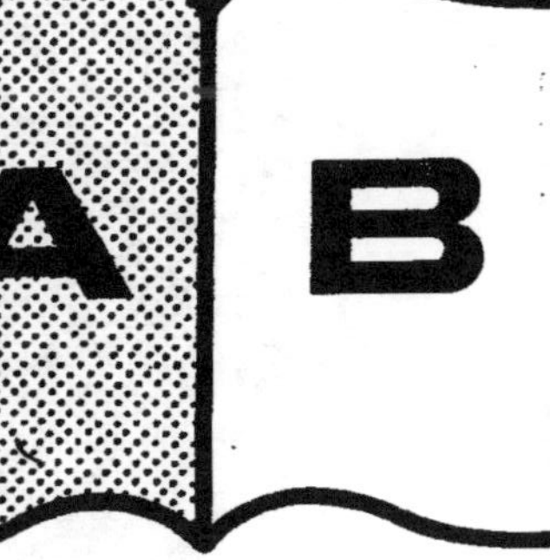

Contraste insuffisant
NF Z 43-120-14

COUVERTURES SUPERIEURE ET INFERIEURE

Le Martyrologe

BLOUD & Cie

S. et R. 577

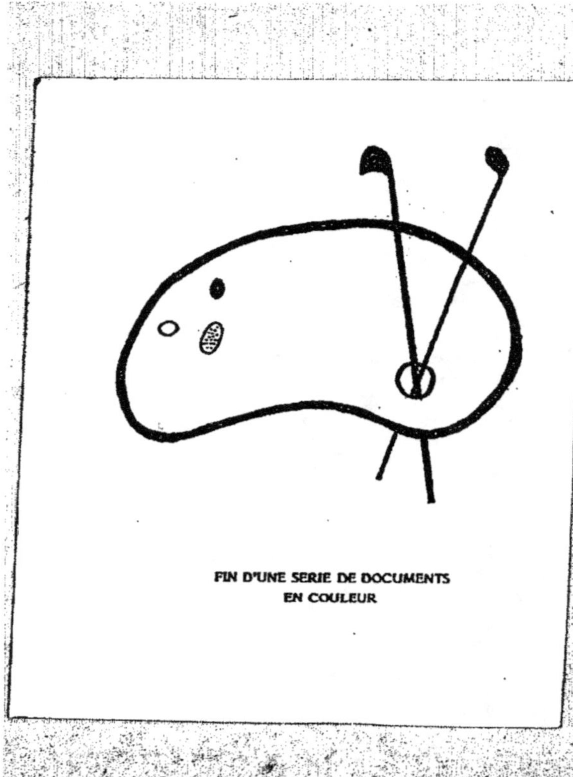

FIN D'UNE SERIE DE DOCUMENTS
EN COULEUR

LE
MARTYROLOGE

PAR

JULES BAUDOT

Bénédictin de Farnborough

PARIS
LIBRAIRIE BLOUD & Cⁱᵉ

7, PLACE SAINT-SULPICE

1-3, RUE FÉROU — 6, RUE DU CANIVET

—

1911

Reproduction et traduction interdites.

DANS LA MÊME COLLECTION

NIHIL OBSTAT

† FERDINANDUS CABROL
Abbas Farnburgensis.

LE MARTYROLOGE

par Dom BAUDOT

INTRODUCTION

I. **Notion.** — L'étymologie grecque du mot
Martyrologe, μάρτυρος λόγος, qu'un manuscrit du
IXᵉ siècle (1) rend par *martyrum logus*, implique
dans son sens primitif, un récit ou discours concernant les martyrs. — L'usage a modifié insensiblement ce premier sens ; c'est ainsi que le récit ou
discours est devenu une brève indication de temps,
de lieu et de personne. De bonne heure, le Martyrologe présenta une simple liste des martyrs
d'après l'ordre de leurs anniversaires, une sorte
de table disposée suivant les jours du calendrier
et renvoyant aux actes des martyrs conservés dans
chaque église (2). Puis, on admit dans le recueil,
d'autres noms que ceux des martyrs, comme on
le verra dans le chapitre premier. Et, nonobstant
cette extension, le recueil conserva sa dénomination primitive, parce que la liste des martyrs y
forme toujours la partie la plus nombreuse des
personnages proposés à notre vénération.

Ainsi le Martyrologe peut être défini : *le livre
des anniversaires des martyrs, et, par extension,*

---

(1) *Manuscrit latin*, 1518, de la *Bibliothèque royale de Munich*, un
représentant de la première famille du Martyrologe de Bède.

(2) Ces actes étaient lus au jour anniversaire soit du martyre *(natale)*,
soit de la sépulture *(depositio)*. Les Orientaux donnent aux Actes le
nom de *Ménées*, d'où la dénomination de *Ménologes*.

des saints en général, des mystères et des événe-
nements qui sont susceptibles d'une commémoration
annuelle dans l'Eglise (1).

Martyrologe est quelquefois employé comme
synonyme de *Calendrier :* il y a pourtant une
nuance entre les deux. Le Calendrier porte simplement le nom du martyr ou du saint, le jour de
sa mort et celui de sa fête, ainsi les Calendriers de
Rome et de Carthage; le Martyrologe mentionne
en outre le genre, le lieu et l'époque du martyre, le
nom du juge. Chaque église avait son calendrier
propre ; il en est peu qui aient eu un Martyrologe
particulier ; les Martyrologes comprenaient les
martyrs et confesseurs de tout l'univers dont les
noms étaient empruntés aux divers calendriers (2).

II. **Usage du Martyrologe comme livre
liturgique.** — En attendant que la notion du
Martyrologe se précise avec le temps, on peut
dire ici un mot de l'usage qu'on en fit dans les
offices : ce mot jettera quelque lumière sur le développement historique du recueil.

C'est au cours même de la liturgie que dans
certaines églises on lisait les actes des martyrs :
ainsi faisait-on en Afrique, au IV° siècle. Le
canon XL du concile d'Hippone de 393 dit que,
les jours de la Commémoration des martyrs, on
doit aussi lire leurs actes (3). Il paraît que cet
usage existait aussi dans les Gaules. Toutefois, il
faut descendre jusqu'au VIII° siècle pour trouver
les premiers vestiges de la pratique actuelle ;
dans les monastères et les cathédrales, le Martyrologe est lu ou chanté à l'office de Prime. On
trouve à ce sujet une prescription dans le concile

(1) Dom H. QUENTIN : *Les Martyrologes historiques.* Paris, 1908, p. 1.
(2) MARTIGNY : *Dictionnaire des Antiquités chrétiennes,* p. 455.
(3) HÉFÉLÉ-LECLERCQ, *Histoire des Conciles,* t. II, p. 89.

d'Aix-la-Chapelle de 817 ; le canon LXIX dit formellement : *Ut ad capitulum primitus martyrologium legatur* (1). La règle de saint Chrodegand s'exprime ainsi : *Post lectionem recitantur aetas mensis et lunae, et nomina Sanctorum quorum festa crastinus excipiat dies* (2). D. Martène (3) dit ce que fut, aux siècles suivants, cette pratique dans les monastères.

III. Développement du Martyrologe. — Moins que tout autre livre liturgique, le Martyrologe ne pouvait être un recueil fermé aux additions subséquentes. Chaque génération de fidèles, chaque église particulière devait, sous l'action de la grâce et en vertu des promesses divines, fournir de nouveaux saints ; il y avait avantage et profit pour tous à ce que les noms et les vertus de ces héros fussent connus.

Bientôt une froide nomenclature ne suffit plus à la pieuse curiosité des fidèles, on voulut avoir au moins quelques détails sur les multiples manifestations de la sainteté. C'est ainsi que les rédacteurs des Martyrologes furent amenés à joindre aux noms de saints quelques détails sur les circonstances de leur vie ; aux simples listes succédèrent les martyrologes *historiques*. Trop peu de fidèles, et même de prêtres, connaissent l'histoire de ces recueils intéressants ; aux uns comme aux autres le présent opuscule en donnera une idée générale, exposant sommairement en cinq chapitres ce que furent :

I. — Les *premières origines du Martyrologe* ou les Calendriers des églises primitives ;

(1) MANSI, *Conciliorum amplissima Collectio*, t. XIV, p. 398.
(2) *P. L.*, t. LXXXIX, c. 1067.
(3) *De antiquis monachorum ritibus*, t. IV, p. 19-20.

II. — Le *Martyrologe hiéronymien,* ses sources,
l'état dans lequel il nous est parvenu, ce qu'il
contient.

III. — Les *Martyrologes historiques,* aux VIIIe et
IXe siècles ;

IV. — Le *Martyrologe d'Usuard* durant la période
qui s'écoule du Xe au XVIe siècle ;

V. — Le *Martyrologe romain* depuis le XVIe siècle jusqu'à nos jours.

CHAPITRE PREMIER

Les premières origines du Martyrologe
ou les Calendriers des églises primitives.

I. Distinction fondamentale. — Dès le début
de ce chapitre il importe de distinguer ce qu'on
appelle Martyrologes *locaux* et Martyrologes
généraux. Les premiers donnent la liste des fêtes
d'une église particulière ou d'un groupe restreint
de plusieurs églises ; tels sont, par exemple, le
calendrier et le catalogue de *Dionysius Philocalus,*
le férial romain du chronographe de 354 (1), le
calendrier de Carthage publié par Mabillon (2). Les
Martyrologes généraux résultent de la combinaison de plusieurs Martyrologes locaux, et renferment un territoire plus ou moins étendu, comme
une province, une moitié d'empire, le monde
chrétien tout entier ; tels le *Martyrologe syriaque*

(1) Sur ces documents, voir DUCHESNE, *Liber Pontificalis,* t. I, p. 10-11
et Dom BAUMER (trad. Biron), *Histoire du Bréviaire,* t. II, p. 236, note 4,
et t. I, p. 93. It. MOMMSEN, *Chronica minora,* t. I, p. 70.
(2) *Vetera Analecta,* t. III, p. 398, *P. L.,* t. XIII, c. 1217.

de 412 (1) le *Martyrologe hiéronymien,* tributaire du précédent (2).

Dans ce chapitre, il ne sera question que des Martyrologes locaux, les premiers en daté : il faut expliquer les dénominations qu'on leur donna, leur origine et leurs éléments, enfin leur caractère et leur valeur au point de vue liturgique.

II. Dénominations des Martyrologes locaux. — On a souvent appelé ces Martyrologes du nom de *Calendriers,* petit livre où sont disposés suivant l'ordre des jours les solennités qui se célébrent au cours de l'année en l'honneur de Dieu ou des saints. La dénomination, d'origine païenne, vint sans doute de ce qu'au jour des calendes le Pontife convoquait le peuple pour lui annoncer les solennités du mois. Tertullien donne à ce livre le nom de *Fastes* (3), et la lettre attribuée à saint Jérôme, placée en tête du Martyrologe hiérony·mien, porte le mot de férial *(feriale)* (4). Les Grecs appellent ce recueil du nom de *Ménologes* ; on y trouve, dit Zaccaria (5), comme dans le Martyrologe des Latins, les Actes ou Passions des Saints, exposés sommairement pour chaque jour du mois; le recueil est abrégé ou amplifié selon les lieux et les temps.

III. Origine et éléments des Martyrologes locaux (6). — Dès les premiers siècles, chaque

(1) W. WRIGHT, *Martyrologium syriacum,* d'après un manuscrit du *British Museum,* n. 12150.
(2) Le *Martyrologe hiéronymien* dont il sera question dans le chapitre suivant (recension gallicane) a été édité avec une longue préface de Mgr Duchesne et de M. de Rossi dans les *Acta Sanctorun,* Novemb. t. II, Bruxelles 1894.
(3) TERTULLIEN, *De Corona,* c. XII. *P. L.,* t. II, col. 116.
(4) DUCHESNE et de ROSSI, *Prolegomena ad martyr. hier.,* p. LXXXII.
(5) ZACCARIA, *Onomasticon,* pars II, p. 53 et 16.
(6) Pour le développement de cet alinéa, voir H. DELEHAYE : *Le témoignage des Martyrologes,* dans *Analecta Bollandiana,* an. 1907, t. XXVI, p. 80 et seq.

église ou réunion particulière de chrétiens célébra un certain nombre d'anniversaires : assez rares au début, ces anniversaires s'accrurent dans la suite. Ainsi : *1)* Les plus anciens sont les *anniversaires des martyrs,* ceux qu'on appela les *memoriae* (souvenirs), ou *depositiones* (jours de la sépulture) ou *natalitia* (naissance au ciel) *martyrum.* Au milieu du IIe siècle, une lettre-circulaire de l'église de Smyrne raconte le martyre de saint Polycarpe ; les auteurs de la lettre s'y félicitent d'avoir pu sauver les cendres du grand évêque et de pouvoir célébrer le jour anniversaire de son martyre : *natalem martyrii ejus celebrare* (1). En Afrique, Tertullien signale au nombre des pratiques chrétiennes primitives la célébration des anniversaires des martyrs : *pro natalitiis annua die facimus* (2). Saint Cyprien atteste le même usage et recommande à son clergé la cause des confesseurs emprisonnés pour la foi : « Ayez soin, ajoute-t-il, de noter le jour de leur mort : *Denique et dies eorum quibus excedunt adnotate, ut commemorationes eorum inter memorias martyrum celebrare possimus* (3). Sozomène a conservé le souvenir de cette discipline ; il remarque, en effet, qu'après la réunion des deux villes de Gaza et de Majuma faite par ordre de l'apostat Julien, chaque église continua à célébrer l'anniversaire de ses martyrs et la commémoration de ses évêques : *utraque seorsum habet dies festos martyrum suorum et commemorationes episcoporum qui ipsis praefuerunt* (4). Rome aussi eut de bonne heure son catalogue des martyrs appelé *Depositio martyrum ;* au milieu du IIIe siècle s'y joint celui des évêques, *Depositio episcoporum.*

(1) *Martyrium Polycarpi, P. G.,* t. V, c. 1042.
(2) TERTULLIEN : *De Corona,* c. III, *P. L.,* t. II, c. 99.
(3) *S. Cypriani Epist.* 37, *P. L.,* t. IV, c. 337.
(4) SOZOMÈNE, *Hist. eccl.,* liv. V, c. 3. *P. G.,* t. LXVII, c. 1222.

2) Les *deux listes d'anniversaires (martyrs et évêques)* d'abord séparées, ne tardent pas à se fondre, et de la sorte sont constitués les premiers Martyrologes locaux. On trouve la trace de cette fusion dans le titre même du calendrier de Carthage : *Hic continentur dies nataliciorum martyrum et depositiones episcoporum quos Ecclesia Carthaginensis anniversaria celebrat.* Ce document, dit Mabillon, est à la fois très ancien et très rare ; il ne mentionne ni l'évêque Fulgence ni les martyrs de la persécution des Vandales ; on y trouve des Saints d'Afrique et quelques saints d'Italie ; il n'y est question d'aucune fête en l'honneur de la Mère de Dieu : l'année y commence au XIII des calendes de mai, c'est-à-dire après Pâques et finit au XIII des calendes de mars ; pour tout le temps du carême il n'y a aucune fête indiquée (1). Quoi qu'en dise M. Paul Monceaux (2), le calendrier de Carthage ne doit pas être rangé parmi les Martyrologes généraux sous prétexte qu'on y relève des saints romains, italiens et orientaux : en les adoptant, l'église de Carthage ne fait guère que les naturaliser chez elle (3). On voit, d'après ce document, que les églises particulières commencent à célébrer non seulement leurs propres martyrs, mais ceux des églises voisines auxquelles les unissaient des liens d'une plus intime fraternité. Ainsi tandis qu'à Rome on célébrait, au 7 mars, l'anniversaire des saintes martyres africaines Perpétue et Félicité, au 14 septembre, celui de saint Cyprien, à Carthage il y avait au 29 juin, l'anniversaire des saints Apôtres, au 6 août, celui de saint Sixte, évêque et martyr de Rome, au

(1) *P. L.,* t. XIII, c. 1217.
(2) P. MONCEAUX, *Histoire littéraire de l'Afrique chrétienne,* t. III, p. 109.
(3) H. DELEHAYE, dans les *Anal. Bollandiana,* t. XXVI, p. 86. Voir aussi les mêmes *An. Bolland.,* t. XXV, p. 350.

10 août, celui du diacre saint Laurent, au 13 août, celui de saint Hippolyte, etc. (1). Il y a aussi un échange, quoique plus rare, pour les commémorations d'évêques, par exemple, le calendrier de Carthage mentionne, au 29 août, le nom de saint Augustin : dans ces cas, les noms figurent à la même date que dans les calendriers divers.

3) Un troisième élément, qui s'introduit dans les Martyrologes locaux, est *l'anniversaire de la dédicace des églises*. Le plus ancien vestige de la célébration de ces anniversaires est peut-être celui que fournit la *Peregrinatio Sylviae* dans les termes suivants : *Dies encæniarum appellantur quando sancta ecclesia quae in Golgotha est, quam martyrium vocant, consecrata est Deo* (2). Dès lors l'anniversaire célébré eut sa place dans le Martyrologe et l'on en retrouve la trace dans l'hiéronymien, tantôt par une désignation expresse de l'objet de la fête, comme au 27 janvier, au 9 avril, au 2 novembre, tantôt par la simple mention des noms des titulaires. Un peu plus tard, on assimila aux dédicaces les *translations de reliques* accomplies à leur occasion ; les unes et les autres furent inscrites au Martyrologe local. Il faut remarquer que ces anniversaires n'ayant aucune connexion avec la déposition des martyrs, les noms de ceux-ci peuvent se trouver inscrits plusieurs fois à des jours différents, dans un même Martyrologe.

4) Enfin certaines églises insérèrent, dans leur calendrier, la *mention de leurs bienfaiteurs* : cette mention est facilement reconnaissable grâce aux mots : *tituli conditor*. C'est ainsi qu'on lit au Martyrologe hiéronymien, le 14 avril : *Cornili condi-*

---

(1) *P. L.*, t. XIII, c. 1222-1223.
(2) D. CABROL : *Étude sur la Peregrinatio Sylviae*, document du IV⁰ s., p. 76.

toris tituli; le 14 août *Eusebii tituli conditoris* (1).
Le temps des persécutions une fois passé, l'admiration des fidèles alla des martyrs, héros de la foi, aux *ascètes,* héros de la pénitence : les noms de ces derniers personnages furent inscrits aussi au calendrier, on visita leurs tombeaux, on y éleva même des basiliques (2).

Ainsi, dès le V\ :sup:`e` siècle, se trouvent constitués les quatre éléments du Martyrologe local : sans compter les fêtes consacrées aux mystères, on a : *1) les anniversaires des martyrs,* indigènes ou étrangers, dont on fait spécialement la mémoire ; *2) les anniversaires des évêques ; 3) les dédicaces d'églises et translations de reliques ; 4) les anniversaires des personnages illustrés* par leurs bienfaits ou leurs vertus.

IV. Caractère et valeur des Martyrologes locaux au point de vue liturgique. — Ces premiers documents qui n'ont point survécu à l'époque où ils parurent, mais dont le contenu a passé, en grande partie du moins, dans les Martyrologes généraux, seraient d'une grande utilité pour nous renseigner sur la tradition vivante et authentique des premières communautés chrétiennes. Assurément tous les éléments signalés plus haut n'y avaient pas la même valeur : les martyrs, parfaits imitateurs du divin Maître dans l'effusion du sang, étaient placés au premier rang dans la vénération et l'amour des fidèles ; sur leurs tombeaux s'élevaient des basiliques où les foules se rassemblaient pour fêter le jour de leur entrée dans la gloire. En règle générale, tous les évêques

(1) Voir dans le texte publié par Duchesne et de Rossi. *Acta Sanctorum,* nov., t. II, col. 43 et 106.
(2) Voir ce que Théodoret dit de l'un de ses contemporains, l'ascète Jacques, *Historia religiosa, P. G.,* t. LXXXII, c. 1450.

étaient inscrits sur les fastes ; ceux-là seuls étaient exclus qui avaient démérité. Mais les honneurs des martyrs n'étaient pas rendus aux évêques inscrits ; ainsi on y indiquait, même de leur vivant, le jour de leur consécration épiscopale ; ce qui n'impliquait pas un culte rendu à leur personne. Les contemporains s'y reconnaissaient aisément, la confusion naquit seulement lorsque ces listes passèrent aux mains d'étrangers, membres d'églises lointaines.

La difficulté s'accroît pour nous de toute la distance qui nous sépare de ces siècles reculés et nous avons besoin de faire appel à d'autres monuments pour opérer un sage discernement. Il ne faudrait pas considérer comme bénéficiant d'une canonisation sommaire tous les noms inscrits dans les *synaxaires grecs* ou les *calendriers latins ;* la même observation s'applique à certains documents irlandais où le nombre des saints dépasse manifestement les limites ordinaires.

Ces considérations sur les Martyrologes locaux doivent nous suffire : il est temps d'aborder l'étude des Martyrologes généraux. Le *Martyrologe général* est essentiellement un agrégat : c'est-à-dire la combinaison des divers Martyrologes locaux. Il fera l'objet des chapitres suivants.

CHAPITRE II

Le Martyrologe hiéronymien.

Deux genres de Martyrologes généraux se présentent à nous : 1° Le genre que (faute de mieux) l'on appellera *hiéronymien,* parce que le recueil attribué à saint Jérôme en fournit le meilleur exemple ; 2° le genre *historique* ou ensemble des recueils dans lesquels. on a joint aux noms des saints un résumé de leur passion, de leur vie, des documents et traditions qui les concernent. On peut dire que le Martyrologe Romain actuel présente un type complet du Martyrologe historique ; les voies lui furent préparées par les Martyrologes du moyen âge et plus immédiatement par le Martyrologe d'Usuard dont on s'occupera dans les chapitres troisième et quatrième ; pour le moment toute l'attention doit se porter sur le Martyrologe dit *hiéronymien*. En trois articles, nous en étudierons : I. *l'origine et les sources* ; II. *la recension gallicane* ; III. *le contenu*.

Article Premier. — Origines et sources du Martyrologe hiéronymien.

Le Martyrologe hiéronymien est le document auquel on se réfère tout d'abord quand on veut étudier l'hagiographie des Ve et VIe siècles en Occident. Le texte de sa première rédaction ne nous est point parvenu jusqu'à ce jour et nous le connaissons uniquement par la recension gallicane ; MM. Duchesne et de Rossi ont édité cette dernière dans les *Acta Sanctorum* (1) en la faisant précéder d'une savante introduction. Il est vrai que cette publication n'est pas sans défaut : un critique allemand, M. Krusch (2), l'a attaquée sur plusieurs points et Mgr Duchesne a dû prendre la défense de l'œuvre entreprise par lui de concert avec M. de Rossi (3).

(1) *Acta Sanctorum*, novembre, t. II, Bruxelles, 1894.
(2) *Neues Archiv.*, t. XX, p. 437-440, et t. XXIV, p. 289-337.
(3) L. Duchesne : *A propos du Martyrologe hiéronymien*, dans les *Analecta Bolland.*, t. XVII, p. 421 et seq.

I. *Origine.* — Le Martyrologe hiéronymien est un document qu'on a longtemps attribué à saint Jérôme : on se basait sur deux lettres imprimées en tête des éditions ; dans la première, deux évêques, Chromatius et Héliodore, demandent au saint docteur qu'il veuille bien compulser pour eux le férial des archives d'Eusèbe de Césarée et leur adresser la liste des fêtes des martyrs (1) ; dans la seconde, saint Jérôme leur répond que, vu l'abondance des noms mentionnés dans les listes par lui consultées, il leur envoie seulement un petit recueil (2) ; il a donné, dans la première partie, les fêtes de tous les Apôtres pour ne point séparer, entre les différents jours de l'année, les hommes revêtus de la même dignité apostolique. Si nous devions ajouter foi à ces documents, nous aurions dans le Martyrologe en question l'œuvre même de saint Jérôme ; malheureusement tout le monde s'accorde à dire que ces lettres ne sont pas authentiques, le rédacteur, pour mieux accréditer son œuvre, s'est couvert du nom de saint Jérôme, comme d'autres ont fait pour le *Liber Comitis* (3).

Il nous faut donc renoncer pour le moment à connaître le nom de l'auteur ; toutefois, Mgr Duchesne affirme que le Martyrologe hiéronymien n'a pas été fabriqué de toutes pièces et qu'il reproduit de nombreux documents des IVe et Ve siècles. Tel que nous le possédons, avec ses additions et recensions, le recueil est un témoin précieux de l'antiquité chrétienne, composé de matériaux de choix dont quelques-uns sont de première qualité. A première vue, la recension accuse un auteur *italien,* ou du moins vivant dans la Haute Italie à

---

(1) *Ut famosissimum feriale de arcivis Sancti Eusebii Cæsariae Palestinae Sacerdotis inquirens, martyrum ad nos festa dirigas.*
(2) *Ut, amputato fastidio, unus pro omnibus sufficiat libellus ascriptus.*
(3) Mgr DUCHESNE : *Acta Sanctorum,* nov., t. II, *prolegomena,* p. I.

une époque où l'on pouvait se recommander des noms illustres de Théodose, Chromatius, Héliodore et Jérôme, c'est-à-dire durant la moitié ou même le *premier quart du* V^e *siècle* : toujours est-il qu'il se montre très bien renseigné sur les évêques du IVe et du commencement du Ve siècle (1).

D'ailleurs, la Gaule n'a pu être la patrie primitive du Martyrologe hiéronymien, puisque saint Grégoire le Grand et Cassiodore l'ont connu. Saint Grégoire écrit en 598 à Eulogius, évêque d'Alexandrie : « Vous m'avez demandé de vous transmettre les Actes des Martyrs qu'Eusèbe de Césarée a recueillis, dites-vous, au temps de Constantin. Je ne sais pas même si ce recueil a été fait... Mais nous avons ici rassemblés dans un *Codex* les noms de presque tous les martyrs avec leur passions distribuées jour par jour. Chaque jour aussi nous célébrons la messe en l'honneur de ces martyrs. Cependant dans ce recueil on ne raconte pas ce que chacun a souffert ; on y a seulement marqué le nom du martyr, le lieu et la date de sa mort (2). » Cette description, dit Mgr Duchesne, répond au caractère de notre recueil : ainsi il paraît bien qu'à la fin du VIe siècle le pseudo-Jérôme était connu à Rome comme un document en usage et déjà répandu à travers le monde chrétien (3).

D'autre part, Cassiodore († 562), entre autres lectures édifiantes conseillées à ses moines, signale l'œuvre dont il s'agit ici ; l'allusion à la lettre qui sert de préface au recueil hiéronymien ne laisse

---

(1) Mgr DUCHESNE : *Op. cit., Prolegomena*, p. LXXV. — H. ACHELIS, *Die Martyrologien*. — D. CHAPMAN, *Revue Bénéd.*, t. XX, p. 285.

(2) *S. Gregorii Magni Epist.* 29, lib. VIII. *P. L.*, t. LXXVII, c. 930. Cette lettre est encore citée dans la *Vita S. Greg. M. ex ejus scriptis*, *P. L.*, t. LXXV, c. 408. — L'annotateur des lettres de saint Grégoire dit qu'il s'agit ici des lettres attribuées à saint Jérôme.

(3) Mgr DUCHESNE, *op. cit., Prolegomena*, p. XLVII.

aucun doute à cet égard (1). D'où l'on peut conclure que le recueil était certainement connu dès
le commencement du vi^e siècle.

Il fut, dans sa première forme aujourd'hui per-
due, rédigé vers le milieu du ve siècle : M. H.
Achelis lui donne pour lieu d'origine la ville
d'Aquilée (2). Une seconde forme qui subsiste est
la recension gallicane composée vers la fin du
vi^e siècle : c'est d'elle que dérivent tous les manuscrits existants.

II. *Sources du Martyrologe hiéronymien.* —
S'il faut se résigner à ne pas connaître d'une
façon précise l'auteur, la date, le lieu de composition du document faussement attribué à saint
Jérôme, ne pourrait-on pas en chercher les sources ? Mgr Duchesne a tenté l'entreprise ; il est
difficile de dire dans quelle mesure il y a réussi.
D'après lui il y aurait trois sources principales du
Martyrologe hiéronymien savoir : le *Calendrier
romain*, les *Martyrologes orientaux* et les *fragments de l'église d'Afrique.* — *A.* Au *Calendrier
romain* se rapporte tout ce que le pseudo-Jérôme
mentionne sous la rubrique : *Romae.* Il est assez
difficile de spécifier dans quelle mesure les autres
indications topographiques comme la voie, le
cimetière, peuvent se rattacher à cette première
source. M. A. Urbain (3) a fait une tentative dans
ce sens, le travail qu'il a donné n'a pas répondu à
ce que l'on pouvait attendre. D'ailleurs le con-
trôle pour déterminer ce qu'il y a de romain dans
l'hiéronymien nous fait défaut ; il faudrait avoir
sous les yeux le document dont s'est servi le ré-

(1) *De institutione divinarum litterarum,* c. 32.
(2) *Anal. Bolland.,* t. XVII, p. 430, et *Rev. Bénédict.,* t. XX, p. 285.
(3) A. Urbain. *Ein Martyrologium der christlichen Gemeinde zu
Rom an Aufang des V Iahrhunderts.* Leipzig, 1901.

dacteur. — *B*. Pour les *Martyrologes orientaux*, le travail n'est guère plus aisé : nous avons bien un document du Ve siècle, le Martyrologe syriaque, publié par M. Wright, mais ce document est loin de représenter toute l'église orientale ; ce n'est qu'un résumé fort incomplet d'un Martyrologe grec (1). — *C. Fragments africains*. La mention *in Africa*, du pseudo-Jérôme, comme aussi les noms et les groupes de martyrs appartenant à cette région, permettent de conclure que le rédacteur hiéronymien avait sous les yeux un document africain. Etait-ce uniquement le Calendrier de Carthage ? Il se peut ; toutefois Mgr Duchesne estime que c'étaient plutôt les tables dont les catholiques d'Afrique se servirent au IVe et au Ve siècle dans leur querelle avec les Donatistes.

On le voit, il y a des réserves à faire sur cet essai de reconstitution des sources du martyrologe hiéronymien. Le travail est loin d'être aussi simple qu'il peut paraître de prime abord : Des critiques pensent qu'on exagère l'importance du férial romain et de l'abrégé syriaque, l'exemplaire que nous avons du premier semble bien défectueux et est certainement incomplet, le second n'a pas le caractère officiel qu'on lui suppose (2).

ARTICLE II. — **La recension gallicane du Martyrologe hiéronymien.**

Le Martyrologe hiéronymien entre en Gaule vers la fin du VIe siècle, mais il y reçoit des additions pour être approprié aux villes ou aux régions dans lesquelles il est mis en usage. On s'est basé sur la date de ces additions pour une recons-

(1) *Anal. Bolland.*, ann. 1902, t. XXI, p. 91. Compte rendu de l'ouvrage cité dans la note précédente.
(2) *Anal. Bolland.*, an. 1900, t. XIX, p. 44 ; Compte rendu de l'ouvrage de M. H. Achelis.

titution des étapes qu'il a dû parcourir et pour
une classification des manuscrits qui nous restent :
on a groupé ainsi ces documents par familles,
plaçant dans des familles différentes ceux qui ont
en propre telles ou telles additions, réunissant ·
dans une même famille ceux qui renferment les
mêmes additions.

Le travail n'était pas facile et il peut se faire
qu'on en modifie dans l'avenir certains résultats.
Sans entrer dans les détails donnés par Dom Chapman pour exposer les origines de la recension
gallicane du hiéronymien (1), nous resterons ici
dans les généralités en signalant les familles telles
que les distingue Mgr Duchesne. Nous donnons
ci-contre le schéma présenté par ce dernier.

1. L'état le plus ancien du Martyrologe hiéronymien après son entrée en Gaule nous est conservé par le manuscrit d'*Epternach,* qui représente
la première famille. Ce manuscrit actuellement à
la Bibliothèque nationale, n° 10837, paraît avoir
été écrit par un des compagnons de saint Willi-
brord, l'apôtre des Frisons, le fondateur de l'abbaye d'Epternach (698) (2). Il fut à l'usage de ce
saint évêque dès le début du VIIIe siècle, mais il
représente ce qu'était l'hiéronymien au commencement du VIIe siècle. Dans cet état, le Martyrologe possède déjà plusieurs séries de saints français parmi lesquels dominent ceux des trois églises
de Lyon, d'Autun et d'Auxerre.

Mgr Duchesne voit une preuve de l'antiquité de
ce document dans le fait que les *Litanies* n'y sont
pas indiquées au commencement de chaque mois,
comme dans le manuscrit de Berne ; il paraît en
effet que saint Aunachaire, évêque d'Auxerre,

(1) *Revue bénédictine,* an. 1903, t. XX, p. 285 et suiv.
(2) Voir D. CHAPMAN : *Notes on the early histor of the vulgate
Gospels,* in-8° ; Oxford, 1908, pp. 14 et 144.

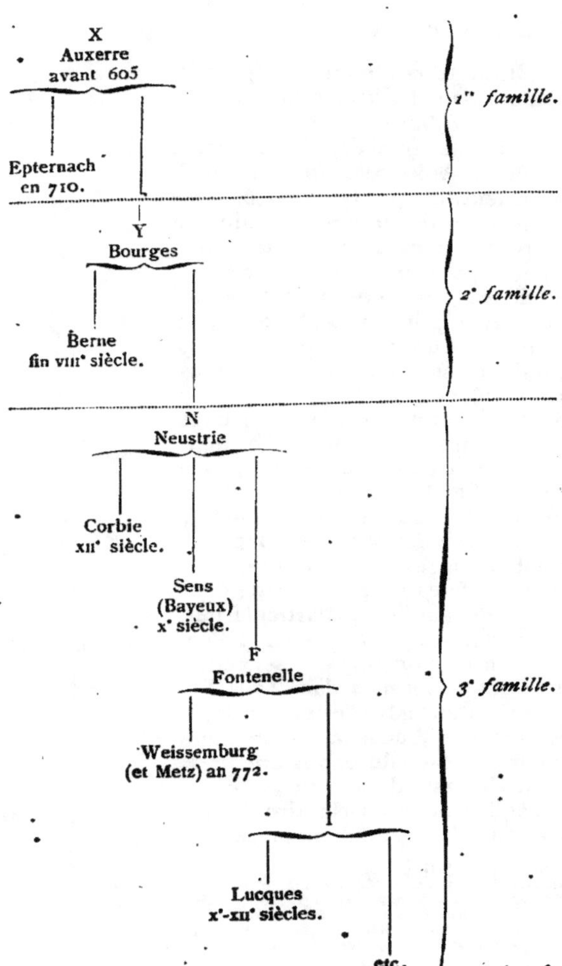

X
Auxerre
avant 605

Epternach
en 710.

1" famille.

Y
Bourges

Berne
fin viii° siècle.

2° famille.

N
Neustrie

Corbie
xii° siècle.

Sens
(Bayeux)
x° siècle.

F
Fontenelle

Weissembur g
(et Metz) an 772.

I

Lucques
x°-xii° siècles.

etc.

3° famille.

prescrivit la récitation de ces litanies, le premier jour de chaque mois dans les différentes églises de son diocèse (1). Si l'*Epternacensis* ne les mentionne pas, c'est que l'exemplaire sur lequel il fut copié avait quitté Auxerre avant la promulgation de ce règlement. La preuve n'est pas très concluante, car un copiste étranger au diocèse d'Auxerre a pu passer sous silence cette prescription sans intérêt pour lui. Une preuve plus sérieuse se tire de ce fait que l'archétype de l'*Epternacensis* ne devait plus être à Auxerre, en 605, date de la mort d'Aunachaire ; car il ne la mentionne pas, il donne seulement le *natale ordinationis* de ce saint évêque (2).

2. La seconde famille est représentée par le manuscrit de *Berne,* ainsi nommé parce qu'il est conservé à la bibliothèque de cette ville, sous le n° 289. Il est de la fin du VIIIe siècle et il fut écrit pour l'usage d'un monastère de Metz ; l'exemplaire dont il dérive avait été adapté à l'usage de l'église de Bourges, ce qui explique la présence d'une série de fêtes propres à cette dernière église. La seconde famille, ces particularités mises à part, est caractérisée par la présence d'un certain nombre de mentions qui apparaissent chez elle et se retrouveront désormais dans tous les exemplaires : les plus importantes de ces mentions sont : *a)* celle de la mort d'Aunachaire survenue en 605 ; *b)* celle de la dédicace du baptistère près la basilique de Saint-Germain d'Auxerre ; *c)* celle de la dédicace de l'église de Saint-Nazaire d'Autun, avec translation d'un grand nombre de

(1) *Acta Sanctorum Boll.*, Sept., t. VII, p. 100.

(2) Une autre caractéristique du *manuscrit d'Epternach*, c'est qu'il contient plusieurs saints saxons et les fêtes napolitaines rapportées de Campanie par saint Adrien de Cantorbéry. *Acta Sanctorum*, Novemb., t. II, p. VIII, et *Revue Bénéd.*, a. 1891, t. XIII, p. 481. Voir aussi D. CHAPMAN : *Notes on the early History of the vulgate Gospels*, p. 149-151.

martyrs faite à cette occasion ; *d)* la mention de la mort du roi Gontran.

Dans le schéma donné plus haut ne figure pas le *fragment de Lorsh* que l'on tient pour très proche parent du manuscrit de Berne. Il se compose de cinq pages réunies au *Cod.* 238, fonds Palatin au Vatican. Ces pages sont du VIIIe ou du IXe siècle. Le document offre cette particularité que, seul des exemplaires hiéronymiens, il ajoute quelques notes historiques tirées des Actes des Martyrs.

3. La troisième famille est caractérisée par des dédicaces d'églises, mais surtout par la présence d'une série relativement considérable de saints français du VIIe siècle. Cette famille comprend les *Martyrologes neustriens*, le *Corbeiense majus* et le *Senonense*, et la *sous-famille de Fontenelle* représentée par le manuscrit de *Wolfenbüttel* et les manuscrits *de Lucques*.

A. Le *Corbeiense majus* est à la Bibliothèque nationale (manuscrit latin 12410) ; il contient un exemplaire du hiéronymien copié au début du XIIe siècle (1). Ce manuscrit a une très grande ressemblance avec les représentants de la famille de Fontenelle, comme l'a reconnu Fiorentini, mais il n'en a pas les annotations qui firent corps avec le document lui-même à partir de 756 ; il est caractérisé par l'addition des fêtes de Corbie et de tout le diocèse d'Amiens, on y remarque quelques saints des régions environnantes, et même trois évêques d'Evreux. Le *Senonense*, ainsi nommé parce qu'il provient de Sens, se trouve moitié à Paris, Bibliothèque Nationale, manuscrit, nouv. acq. lat. 1604, et moitié à Rome, manuscrit *Vatic. Regin.* 567 ; c'est un fragment

---

(1) L'édition qu'en a donnée d'Achéry n'est pas très exacte, elle est dans le *Spicilegium*, t. IV (éd. in-4°) p. 167, ou t. II (éd. in-fol.), c. 1.

du hiéronymien du Xe siècle (1). Les saints qui lui appartiennent en propre, au lieu d'être de l'église de Sens, sont ou du diocèse de Bayeux ou du diocèse d'Avranches.

B. La *recension de Fontenelle,* caractérisée par les additions relatives à l'abbaye de ce nom, compte parmi ses représentants le manuscrit de *Wolfenbüttel* et les manuscrits de *Lucques.* Le manuscrit de *Wolfenbüttel,* fonds de Wissembourg (autrefois n° 23), fut écrit en 772 ; il représente un archétype écrit à Fontenelle, avant la mort de l'abbé Wando en 756, il est caractérisé par les annotations dont on vient de parler ; un moine de Wissembourg y a ajouté plus tard quelques détails concernant son monastère. Enfin, les deux manuscrits de *Lucques,* conservés l'un à la bibliothèque du chapitre, n° 618, l'autre à la bibliothèque de la ville, n° 428, se rattachent encore à la recension de Fontenelle ; ils sont, l'un du Xe siècle, l'autre du XIe ou XIIe et ont servi à Fiorentini, pour l'édition de son Martyrologe (2).

ARTICLE III.

Le contenu du Martyrologe hiéronymien.

Nous avons dit, plus haut, que le Martyrologe hiéronymien commence par deux lettres dont on a nié l'authenticité ; la première est une prétendue supplique de deux évêques, Chromatius et Héliodore, la deuxième serait la réponse du saint Docteur.

1. Ces deux lettres sont suivies d'un *Index* marquant les fêtes des Apôtres : on retrouve d'ailleurs

(1) Il y a une lacune de cinquante jours, après réunion des deux fragments.

(2) On trouvera de plus amples détails dans MM. de Rossi et Duchesne. *Acta Sanctorum Novembris,* t. II ; la description des manuscrits remplit près de trente pages de la préface. Voir aussi les articles de Dom Chapman et de Dom Quentin dans la *Revue Bénédictine,* t. XX, p. 285 et 351.

ces fêtes dans le cours du calendrier. Aux dates :
du 29 juin saint Pierre et saint Paul, du 30 novembre saint André, du 1er mai saint Philippe
seul, du 21 décembre saint Thomas, du 25 juillet
saint Jacques, du 24 août saint. Barthélemy, du
21 septembre saint Mathieu, du 28 octobre saint
Simon le Chananéen et Jude le Zélote trouvent
leur place comme dans nos calendriers actuels. Il y
a ces particularités que saint Paul est mentionné
trois autres fois : au 25 janvier, au lieu de sa con-
version il est question de la translation de son
corps, au 8 février, de la déposition de ce corps,
et au 8 décembre, de l'invention de ce même corps ;
saint Jacques a une solennité commune avec saint
Jean au 27 décembre ; on retrouve la *Dormitio* de
ce dernier au 24 juin, à la suite de la nativité de
saint Jean-Baptiste. Mgr Duchesne remarque que
ces particularités nous écartent du rite romain.
pour nous rapprocher du rite gallican.

2. La même réflexion s'applique aux fêtes de
Notre-Seigneur et de la Sainte Vierge : Noël au
25 décembre ; au 1er janvier la fête est énoncée
comme Circoncision de Notre-Seigneur plutôt que
comme octave de la Nativité ; l'Épiphanie est au
6 janvier et la Purification au 2 février ; au 18 janvier, le double énoncé de *Depositio beatae Mariae
et Cathedra S. Petri in Roma* porte la trace d'un
usage gallican (3) ; aux 25 et 27 mars sont commé-
morées la Passion et Résurrection du Seigneur ;
au 1er mai le commencement de la prédication de
Jésus, au 3 mai l'invention de la sainte Croix (4),
au 15 août l'Assomption de Marie, au 8 septem-

(1) *Acta Sanctorum, Novembris*, t. II.
(2) *P. L.*, t. XXX, c. 440-502.
(3) Voir DUCHESNE : *Origines du culte chrétien*, p. 252, 258, 267.
Grégoire de Tours : *De Gloria Martyrum*, lib. I, c. 28. Cf. *Hist.
Francorum*, lib. I, c. 31. *P. L.*, t. LXXI, c. 566.
(4) Avec une note historique sur cet événement. Duchesne et de Rossi,
p. 54.

bre sa Nativité, au 14 septembre l'Exaltation de la sainte Croix.

3. Le Martyrologe hiéronymien commence au VIII des Calendes de janvier, 25 décembre, et présente pour chaque jour une série de noms parfois fort considérable : encore cette série est-elle assez souvent terminée par un chiffre indiquant qu'on sous-entend beaucoup d'autres noms, par exemple : au 27 janvier, *in Africa*, l'énumération se termine par la formule : *et aliorum* XLIV *martyrum*. De même avec un chiffre plus ou moins élevé aux 31 janvier, 2, 9, 17 février, 4 mars, 7 mai, 3 juin, etc.

4. Indications géographiques. Les noms sont groupés par régions qui sont généralement classées dans l'ordre suivant : *A*. L'Orient, tantôt sous la formule générale : *In oriente,* comme au 1er janvier, tantôt avec indication de la contrée : *In Achaia* (12 janvier), *in Ægypto* (15 janvier), tantôt avec mention de la ville : *In Bethlehem* (25 décembre, *Hierusolymis* (5 janvier), *in Alexandria* (11 janvier), *in Antiochia* (14 janvier). *B*. L'Occident est le plus souvent spécifié par le nom de la contrée ou de la ville : l'Afrique occupe d'ordinaire le premier rang, soit après, soit même parfois avant l'Orient : exemple du premier cas, au 14 janvier ; du second cas, 4, 5, 19 janvier ; quelquefois la ville est nommée, par exemple Carthage au 25 janvier ; on trouve aussi les deux mentions réunies, comme au 14 septembre *In Africa, in civitate Carthagine*. — *C*. Après l'Afrique, vient généralement Rome, mentionnée tantôt seule, tantôt avec l'indication de ses voies, de ses cimetières ; puis les villes de la Haute-Italie, Ravenne, Milan. — *D*. Enfin paraissent les villes de Gaule dont les plus fréquemment nommées sont Auxerre, Lyon, Autun ; on trouve aussi Orléans,

Bourges, Poitiers, etc... Ainsi le document est comme formé de couches qui se superposent à mesure que l'exemplaire primitif passe d'une localité à l'autre. Presque à chaque jour sont annoncées des fêtes de Saints de Gaule, non seulement de ceux qui souffrirent le martyre sous les empereurs romains, mais de ceux qui illustrèrent le pays après la paix de Constantin, comme saint Hilaire, saint Martin, et même de ceux qui furent en honneur jusqu'à la fin du VIe siècle. Le texte y est moins altéré, plus correct à la fin, ce qui suppose l'intervention d'une seconde main·(1).

5. On trouve çà et là quelques notes d'un caractère historique, quelques fragments de passions ; par exemple au 27 décembre où saint Jacques est donné comme évêque de Jérusalem et comme ayant été martyrisé au milieu de la pâque (2) Ces notes sont d'ordinaire dans le manuscrit de Berne et manquent dans celui d'Epternach. Au 22 février, les deux manuscrits donnent la chaire de saint Pierre avec une nuance qui diffère : *Cod.* BERN. : *Cathedra Sci Petri Apli quum sedit apud Antiochiam. Cod.* EPTER. : *Cathedra Sci Petri in Antioch. et Rome* (3).

6. Le document se présente à nous avec de nombreux défauts qu'il serait inutile de vouloir dissimuler. Abstraction faite des listes gallicanes qui se détachent de la masse sans effort et sont reconnaissables, la grande compilation hiéronymienne aggrave les obscurités des Martyrologes locaux ou généraux par les incertitudes de la tradition et les particularités de la rédaction. La confusion proverbiale du vieux document tient à des causes multiples ; ce sont : l'ignorance des

(1) DUCHESNE : *Acta Sanctorum. Novembris*, t. II, *Prolegomena*, p. XL et seq.
(2) Ibid., *Martyrologium Hieronym.*, p. 2.
(3) Ibid. p. 10.

copistes qui souvent ont mal déchiffré le modèle, méconnu les limites qui séparent un jour de l'autre, introduit leurs lectures parfois bizarres ; l'insertion dans le texte de gloses, de notes marginales suggérées aux correcteurs par la conjecture ou la comparaison des manuscrits ; le manque de discernement du rédacteur lui-même qui a mal compulsé ses sources, les a transcrites maladroitement sans rejeter les parties formant double emploi.

Citons quelques exemples à l'appui de ces critiques : *A.* Les noms de saints comme les noms de lieux sont défigurés jusqu'à devenir méconnaissables : au 11 octobre on lit : *In acervo Sicilie, santi ·Tanasi presbit, Ampodi*, tandis qu'il faut lire : *In Anazarbo Ciliciae, natale Taraci, Probi et Andronici.* Ailleurs, on reste perplexe comme en face de cette notice du 17 octobre : *In Alexandria natale Nicodemis, Nicomediae Alexandri.* Où est le nom du saint, où celui de la ville ?...

B. D'autres fois, des notices claires au premier aspect sont néanmoins fautives quand on les rapproche des sources ; ainsi, au 9 février on lit : *Apud Ciprum, natale Alexandri, Ammonis et aliorum XX ;* au 20 février : *Apud Ciprum, Potami, Nemesis, Didimi.* Et pourtant, nous savons, par Eusèbe (1) que ces martyrs appartiennent en propre à Alexandrie ; nous n'avons d'autre part aucune bonne raison de penser qu'une église de Chypre ait admis ces saints dans son Calendrier, d'autant plus que l'île de Chypre n'est représentée dans l'hiéronymien par aucun autre anniversaire.

C. Mais le problème le plus intéressant et peut-être le plus obscur, à propos du Martyrologe hiéronymien, est celui des répétitions. Des saints

(1) *H. E.,* liv. VIII, 13, 7 ; liv. V, 5.

et groupes de saints y figurent deux, trois fois,
quelques-uns même jusqu'à huit ou dix fois. Ces
répétitions se présentent tantôt le même jour,
ainsi au 23 décembre, il y a une double liste de
papes, tantôt à des jours très rapprochés, tantôt à
des jours relativement éloignés. Ces deux derniers
genres de répétitions peuvent tenir ou à une
distraction, comme la présence de saint Lucien au
7 janvier et au 7 juin (*VII id. ian. et VII id. iun.*)
ou à l'emploi simultané de documents traditionnels
et de récits qui ne s'accordent pas sur la date,
ou à l'attraction des homonymes. Saint Hermogène
a groupé autour de lui une foule de saints qui
lui sont étrangers et dont la place est ailleurs.
Saint Candidus est mentionné au 7 janvier et au
14 février, mais celui du 14 février est devenu un
centre d'attraction pour le Candidus de janvier
et une suite de saints annoncés le même jour :
*Polyeuctus, Felix, Januarius, Palladius, Philo-
romus* (1). Un autre exemple typique de répétitions
est celui qui concerne Saint Dioscore. Le Martyrologe hiéronymien donne neuf fois le nom de ce
saint : cinq fois dans des groupes (au *V id. febr.,
VI Kl. mart., V Kl. mai., XV Kl. jun., IV Kl.
jul.,*) puis quatre fois isolé ou à peu près *(XV Kl.
jun., XV Kl. jul., XIII Kl. sept., XV Kl. jan)* (2).

De ces critiques, il ne faut pourtant pas conclure
que le Martyrologe hiéronymien soit un document
de mince valeur. Tel que nous le possédons, c'est
un témoin précieux de l'antiquité chrétienne. De
grandes richesses y sont enfouies, trop souvent
hélas ! à des profondeurs où nos moyens d'inves-
tigation ne nous permettent plus d'atteindre. On
peut en retirer encore des débris d'une valeur
incontestable (3).

(1) H. Delehaye, *Le témoignage des Martyrologes,* dans *Anal. Boll.,*
an. 1907, t. XXVI, p. 92-98.
(2) Dom Quentin : *Passio S. Dioscori. An. Boll.,* an. 1905, t. XXIV,
p. 341-342.
(3) H. Delehaye, *art. cité,* p. 99.

CHAPITRE III

Les Martyrologes historiques aux VIIIe et IXe siècles.

Les documents que l'on passera en revue dans ce chapitre, se distinguent du Martyrologe hiéronymien, en ce qu'ils revêtent le caractère de recueils historiques. Ainsi à côté des indications géographiques et des séries de noms, ils placent des renseignements sur la vie des personnages, renseignements puisés soit dans les Actes des martyrs, soit dans la Vie des Pères, soit dans les écrits des historiens (1). — On les appelle *Martyrologes historiques,* par opposition aux simples nomenclatures.

Il importe de ne pas se méprendre sur la valeur de leurs indications, et, par conséquent, de se rendre compte des sources où les indications sont puisées : car les auteurs des recueils n'ont pas eu la prétention de créer un témoignage ; il peut se faire d'ailleurs qu'ils se soient mépris sur la portée des documents qu'ils avaient sous la main. — Quelques principes sur le crédit que méritent les légendes hagiographiques nous sont fournis dans un article du P. H. Delehaye (2) publié depuis en volume. Voulant caractériser le travail des hagiographes, cet auteur met à part les témoins sincères qui ont rapporté simplement ce qu'ils ont vu, puis les écrivains qui, comme Sulpice-Sévère, ont entendu faire œuvre d'historien, les biographes consciencieux qui, à diverses époques du moyen âge, ont réussi à se rapprocher des précédents... Il veut parler de l'hagiographe qui écrit l'histoire dans un but spécial et bien défini, qui raconte

(1) D. BAUMER : *Histoire du Bréviaire,* t. II, p. 243.
(2) *Revue des Questions historiques,* an. 1903, t. LXXIV., p. 56 et sq.

avant tout pour édifier (1). Il y a donc nécessaire-
ment un classement à faire parmi les textes hagiographiques ; le seul principe pour un classement
rigoureux est le degré de sincérité et d'historicité
du document. En conséquence : *a)* la première
place revient aux procès-verbaux officiels de
l'interrogatoire des martyrs ; *b)* viennent ensuite
les relations des témoins oculaires et dignes de
foi ou de contemporains bien informés ; *c)* puis
les actes dont la source principale est un document écrit appartenant aux catégories *a)* et *b)*.
Les autres catégories ont besoin d'être soumises
à un examen plus rigoureux. Des romans historiques ou même des romans d'imagination ont pu
se glisser jusque dans les légendes des saints, puis
être acceptés par les rédacteurs des Martyrologes
historiques : il ne suffit donc pas toujours de
connaître leur œuvre, encore faut-il se renseigner
sur les sources où ils ont puisé.

C'est ce qu'a fait dom H. Quentin (2) dans un
important ouvrage qui désormais fera autorité en
cette matière : les longues recherches qu'il s'est
imposées pour les reconstitutions de textes, le
travail consciencieux qu'il a entrepris pour l'étude
des sources, le rapprochement minutieux qu'il a
établi entre les uns et les autres permettent
d'accepter avec confiance toutes ses conclu-
sions (3).

Dans le développement de la littérature martyrologique, les anneaux importants à signaler
sont : 1° *l'œuvre de Bède* divisée en deux familles ;
2° le *Martyrologe lyonnais* du manuscrit latin 3879
de la Bibliothèque Nationale ; 3° le *Martyrologe de*

<hr>

(1) H. DELEHAYE : *Les légendes hagiographiques,* p. 68 et 77. 1 vol.
in-8° Bruxelles, 1905.
(2) Dom H. QUENTIN, *Les Martyrologes historiques du moyen âge,*
1 fort vol. in-8°, Paris, 1906.
(3) Ibid., *Conclusion,* p. 682.

Florus de Lyon dont on peut distinguer trois états successifs ; 4° le « *Petit Romain* » ; 5° l'ouvrage d'*Adon*. On peut ajouter à cette série le *Martyrologe poétique* publié par *d'Achéry*. De là, six articles. Dans cette succession de documents, chaque rédacteur développe le travail de son prédécesseur en recourant aux sources : c'est en Angleterre et en France que s'accomplit ce travail de composition.

ARTICLE I. — **Le Martyrologe de Bède.**

Le vénérable Bède, né en Northumbrie, vers 676, fut remis dès l'âge de sept ans aux soins de Benoît Biscop, élevé dans les monastères de Wearmouth et Yarrow ; il y devint moine lui-même. Sa vie monastique de 45 ans peut se résumer en deux mots : étude et prière. Ses œuvres très variées remplissent six volumes de la collection Migne (*P. L.*, t. XC à XCV) (1) ; on ne s'occupe ici que de son Martyrologe.

1. *Coup d'œil sur les manuscrits qui nous sont parvenus.* — *A.* Un premier groupe de six manuscrits présente à peu près sans mélange l'œuvre de Bède : elle y est conforme aux descriptions faites par Usuard (2), Adon (3) et Bède lui-même (4) ; les jours vides y sont en grand nombre. Ce sont : 1. le manuscrit 451 de la *Bibliothèque de Saint-Gall :* il paraît avoir été écrit sur le continent vers le IXe siècle, incomplet de la fin, il s'arrête au 8 des calendes d'août ; — 2. le manuscrit *834* du *fonds palatin au Vatican*, exemplaire complet, écrit au IXe siècle ; — 3. le manuscrit

(1) Voir D. CABROL : *L'Angleterre avant les Normands*, p. 157, et D. QUENTIN : *Bède le Vénérable*, dans le *Dictionnaire d'Archéologie chrétienne et de Liturgie*, t. II, c. 632-648.
(2) *P. L.*, t. CXXIII, c. 599.
(3) *P. L.*, ibid., c. 143.
(4) *H. E.*, V, 24 ; *P. L.*, t. XCV, c. 290.

833 du *fonds palatin au Vatican ;* la première partie de ce document contient le Martyrologe écrit au IXe siècle, a beaucoup d'indications en marge et des particularités assez nombreuses; la copie a été exécutée, puis augmentée dans la même région que le précédent, non loin de l'abbaye de Lorsch ; — 4. le manuscrit LXV de la *Bibliothèque capitulaire de Vérone,* première moitié du IXe siècle ; il a appartenu à l'église de Vérone où il se trouve encore aujourd'hui ; — 5. le manuscrit latin 313 du *fonds Ottoboni au Vatican* présente dans ses six premiers feuillets un fragment du Martyrologe de Bède qui commence au 11 des calendes de septembre ; M. Léopold Delisle (1) en attribue l'écriture à la seconde moitié du IXe siècle ; Ebner (2) après avoir suivi M. Delisle, s'est prononcé ensuite résolument pour la première moitié du IXe siècle ; il est probable que Papebrock et Henschénius (3) ont fait de ce manuscrit le point de départ de leurs recherches ; — 6. le manuscrit additionnel 19725 du *Musée Britannique* est probablement de la première moitié du Xe siècle ; il commence au 17 des calendes de février, paraît être d'origine belge.

Le manuscrit 410 de la *Bibliothèque* de l'Ecole de médecine de *Montpellier,* décrit avec enthousiasme par Papebrock et Henschénius (4), forme une sorte d'intermédiaire entre le groupe qui précède et celui qui suit : l'œuvre de Bède qui en constitue le fonds est tout entière de la même main (IXe-Xe siècle), une seconde main, probablement du XIe siècle a comblé tous les vides.

B. Un second groupe se compose de manuscrits où le Martyrologe de Bède, toujours le même

(1) Léopold DELISLE : *Mémoires sur d'anciens Sacramentaires,* p. 249.
(2) EBNER : *Iter Italicum,* p. 383 et la note.
(3) *Acta SS. Martii,* t. II, p. 6.
(4) *Ibid., loc. cit.*

quant au fonds, a reçu des *additions de seconde main,* souvent dictées par le caprice, empruntées alternativement aux textes d'Usuard, d'Adon et du Petit Romain. Tels sont : le manuscrit latin 1518 de la *Bibliothèque royale de Munich* qui renferme dans sa deuxième partie un exemplaire du Martyrologe de Bède ; tous les jours de l'année y ont reçu des additions ; le manuscrit 5552 de la *Bibliothèque Nationale,* fragment d'un Martyrologe de Bède où les jours vides sont comblés par un simple nom de saint emprunté au Martyrologe hiéronymien ; le manuscrit XIV. 19 de la *Bibliothèque Barberini* qui renferme deux fragments de Martyrologe, le second (fin Xe siècle ou commencement XIe siècle) a ses vides comblés comme le précédent et ses marges chargées d'*obits.*

C. Enfin un *dernier groupe* de cinq exemplaires a été certainement utilisé à Rome. Ce sont : le manuscrit additionnel 14801 du *Musée Britannique ;* le manuscrit H. 58 de l'archive de la *Basilique Saint-Pierre ;* le manuscrit F. 85 de la *Bibliothèque Vallicellane ;* le codex CLXXIX du *Mont-Cassin* et le manuscrit latin n° 3 du fonds *Ottoboni à la Vaticane.*

En somme, ces manuscrits dépendent d'un archétype commun, le Martyrologe de Bède, et se divisent en deux familles, *sans* ou *avec* additions, la deuxième famille a deux groupes *(B* et *C)* dont un romain (1).

2. *Le texte.* — Tous les manuscrits commencent l'année aux calendes de janvier, sans préface, et donnent un ensemble de 114 notices d'un caractère historique. Il y a de plus un certain nombre de mentions brèves; plus fréquentes surtout dans les manuscrits de la seconde famille : elles y sont augmentées presque du double. Le nombre des

(1) Pour les détails, voir Dom QUENTIN, *ouvr. cité,* p. 18-47.

jours demeurés vides dans la seconde famille est de 187. Les principales fêtes sont : pour Notre-Seigneur, Annonciation, Noël, *Octavas Domini* (c'est dans Usuard que commence à paraître la Circoncision), Epiphanie, *Upapanta Domini* ; pour la Sainte Vierge, la Nativité, puis la Dormition (15 août) ; pour les Apôtres, ils y sont tous, sauf saint Mathias, et aux dates que porte l'*Epternacensis* de l'hiéronymien ; puis saint Marc a sa fête au 25 avril, saint Luc au 18 octobre, saint Jean-Baptiste a trois fêtes, Conception au 24 septembre, Nativité au 24 juin, Décollation au 29 août ; il y a place pour les principaux prophètes de l'Ancien Testament. Enfin les deux fêtes de la Sainte Croix, Invention et Exaltation, la Dédicace de saint Michel au 29 septembre, le *Natale Sanctae Mariae ad Martyres* au 13 mai et la Toussaint ne figurent que dans les manuscrits de la seconde famille.

3. *Les sources rapprochées du texte* (1). — On peut distinguer trois catégories de sources utilisées par le vénérable Bède : les sources hagiographiques proprement dites, comme vies, passions, miracles ; les sources littéraires ou auteurs ecclésiastiques, comme Eusèbe, saint Jérôme, Grégoire de Tours, le *Liber Pontificalis* ; le Martyrologe hiéronymien dont la recension de l'*Epternacensis* est l'une des sources les plus importantes de Bède. Au total, pour le Martyrologe de Bède, il faut compter une cinquantaine de passions et une douzaine d'auteurs ecclésiastiques.

4. *Valeur des dates et attribution à Bède.* — Les dates assignées aux commémorations des Saints sont, dans ce document, établies avec soin et pru-

---

(1) Le travail de comparaison est très intéressant à étudier en ce qui concerne ce document et les suivants : voir Dom QUENTIN, *ouvr. cité*, le Martyrologe de Bède, pp. 57 à 111 ; le Martyrologe lyonnais 3879, pp. 139 à 206 ; le Martyrologe de Florus, pp. 250 à 275 ; le Martyrologe d'Adon, pp. 486 à 641.

dence : dans les manuscrits de la première famille,
l'accord se fait d'ordinaire avec le Martyrologe
hiéronymien, et, à défaut de ce document, avec
le Synaxaire de Constantinople ; pour les mentions propres aux manuscrits de la deuxième
famille, elles dérivent soit du hiéronymien, soit
surtout des livres liturgiques ; il paraît bien que
l'œuvre de Bède a été mise en rapport avec un
Sacramentaire du type grégorien. Trois fois seulement le vénérable moine se met en contradiction
avec les sources, mais il semble qu'il y a plutôt
erreur matérielle dans la transcription des chiffres,
pour saint Jean I⁰ʳ, pape, placé *au V Kl. Junii*,
sainte Symphorose *au XII Kl. Augusti*, saint
Ignace d'Antioche *au XVI Kl. Januarii*.

L'œuvre est bien de Bède, comme le prouvent
l'attribution unanime dans les manuscrits qui la
contiennent, l'aspect extérieur de l'ouvrage avec
ses jours vides, la présence des saints et des fêtes
d'une date antérieure à Bède, un nombre suffisant
de saints anglais dont plusieurs ont des rapports
avec les autres œuvres authentiques de ce saint
personnage. Lui-même affirme qu'il a formé un
Martyrologe (1) ; il avait connaissance du hiéronymien auquel il se réfère en d'autres endroits de
ses écrits (2), les autres sources exploitées par
lui étaient également parvenues à sa connaissance.

ARTICLE II. — **Le Martyrologe poétique de d'Achéry.**

Sous ce nom est désignée une courte pièce de
vers sur un certain nombre de Saints du Calendrier ; d'Achéry l'a publiée pour la première

(1) *Historia eccl.* V, 24. *P. L.*, t. XCV, c. 290.
(2) *Retractationes* sur les Actes des Ap., ch. I. *P. L.*, t. XCII, c 997. —
In Marci evangel. expositio, II, 6. *P. L.*, t. XCII, c. 192.

fois (1) et du Sollier l'a présentée comme pouvant
être le sommaire de l'œuvre originale de Bède (2).

1. *Les manuscrits*. — Les documents qui contiennent cette œuvre sont les six manuscrits suivants : le n° 9430 de la Bibliothèque Nationale (3) ;
le manuscrit 33 sup. de la Bibliothèque Ambro-
sienne de Milan ; le n° 560 de la Bodléienne d'Oxford ; le LV, classe IX de la Bibliothèque de
Saint-Marc de Venise ; les n°s 10470 et 10473 de
la Bibliothèque royale de Bruxelles, et le n° 263
du Musée Britannique. Puis à l'édition du
d'Achéry on peut joindre celle d'Erchempert,
moine du Mont-Cassin, qui a conservé intacts un
certain nombre de vers, mais y a fait des additions considérables.

2. *Le texte et sa provenance*. — Le titre du
document : *Incipit Martyrologium Bedae heroico
carmine*, indique qu'il s'agit d'un calendrier attribué à Bède, et appelé Martyrologe comme beaucoup d'autres ; on l'a mis en vers pour aider les
mémoires rebelles aux noms propres et aux dates.
Vu le nombre de saints anglais qu'il contient,
d'Achéry a cru pouvoir lui assigner l'Angleterre
pour pays d'origine et un moine de Yarrow pour
auteur, enfin la date de la mort de Wilfrid II
d'York (732) pour date de composition (4) : pour
ces raisons, Bède lui-même en serait l'auteur. Il
paraît bien pourtant que 732 est non la date de la
mort de Wilfrid, mais plutôt celle de sa démission :
les annales de Lindisfarne disent que, retiré à
Ripon, il serait mort seulement en 744. Dans ce
cas, Bède mort en 735, ne peut être l'auteur d'un

(1) *Spicilegium*, X, 129. Cf. *P. L.*, t. XCIV, c. 603.
(2) *Præfatio ad Usuardi Martyrologium*, c. 55-56, *Acta Sanctorum,
Junii*, t. VI, p. XIV.
(3) Voir aussi le *Calendrier* en tête du *Sacramentaire d'Amiens*,
n. 9432, Léopold DELISLE : *Anciens Sacramentaires*, p. 325-345.
(4) Du Sollier reproduit ces raisons, *loco cit. Acta SS. Junii*, VI,
præfatio, p. XIV.

Martyrologe où l'on mentionne la mort de Wilfrid. Il faut aussi assigner pour lieu de composition, non pas Yarrow, mais York ou Ripon. Enfin le document ne concorde pas toujours pour les dates avec le Martyrologe de Bède. Il y a donc lieu de considérer ce document comme un simple calendrier obituaire de l'église d'York ou du monastère de Ripon, sans relation avec Bède et son œuvre. A cause des rapports qu'on a essayé d'établir, nous devions en faire mention dans la série des Martyrologes historiques.

ARTICLE III. — Le Martyrologe Lyonnais du manuscrit latin 3879 de la Bibliothèque Nationale.

Deux dérivés du Martyrologe de Bède sont restés sans influence sur les Martyrologes historiques : on ne fait que les signaler en passant. Ce sont : le Martyrologe de Rhaban Maur, bien connu d'ailleurs par l'édition de Canisius (1); on y trouve quelques morceaux de grand intérèt, mais aussi des traces d'un merveilleux exagéré. Le *Pseudo-Florus* (2), moins remarqué que le précédent, a bien aussi quelque intérêt, mais il reste également en dehors de la ligne Bède-Usuard.

D'une importance autrement grande, à ce point de vue, est le Martyrologe Lyonnais que Dom H. Quentin est le premier à signaler. Ce document forme un des plus intéressants anneaux de la série.

1. *Le manuscrit.* — C'est le n° 3879, manuscrit latin, de la Bibliothèque Nationale, dont l'écriture paraît appartenir à la première moitié du IXe siècle. Il présente, à la suite de la collection canonique

(1) *P. L.*, t. CX, c. 1128-1188.
(2) Publié par Papebrock dans les *Acta Sanctorum, Martii*, t. II, p. VIII et seq. Cf. *P. L.*, t. XCIV, c. 799 et seq.

dite d'Achéry, le Martyrologe ayant pour préface une page empruntée à saint Augustin (1). Comme celui de Bède, dont il porte le nom, il commence au 1er janvier, est complet et écrit tout entier de la même main. Rien dans le texte n'en indique la provenance, mais des mentions ajoutées par une seconde main prouvent que le manuscrit a été en usage dans le Velay.

2. *Le contenu.* — Le Martyrologe de Bède en forme le fond, le nouveau rédacteur a ajouté de nouvelles notices ou développé des notices préexistantes ; les jours vides, qui étaient au nombre de 181 dans Bède (seconde famille), y sont réduits à 129.

3. *Le texte et les sources.* — Les saints espagnols y figurent au nombre de quinze avec des notices généralement assez longues. On pourrait en conclure que le Martyrologe de Bède a passé par l'Espagne ; cependant l'étude d'un curieux document espagnol rend cette hypothèse inutile. Il y a, en effet, au *British Museum*, un passionnaire (manuscrit additionnel 25600) qui provient de l'abbaye de Saint-Pierre de Cardena, au diocèse de Burgos, et paraît être du début du Xe siècle ; puis à la Bibliothèque Nationale un *Passionnaire de Silos*, acq. lat. 2180., écrit avant 992. Entre ces documents et notre Martyrologe, existent des rapports étroits et des airs de famille ; selon toute vraisemblance, le rédacteur a eu sous les yeux un exemplaire du passionnaire espagnol ; les passions contenues dans ce dernier se retrouvent dans le Martyrologe lyonnais ; enfin l'auteur de ce document a utilisé les sources littéraires déjà signalées à propos de Bède et mis largement à contribution l'hiéronymien.

(1) *Contra Faustum*, XX, 21, *P. L.*, t. XLII, c. 384.

4. *Valeur des dates*. — Pour attribuer aux saints qu'il introduit leur date traditionnelle, le rédacteur du Martyrologe lyonnais recourt au Martyrologe hiéronymien et aux passions ; quand ces deux sources sont en désaccord, il suit tantôt l'une tantôt l'autre : par. exemple, pour le premier cas, sainte Juste et sainte Rufine, les saints Fauste, Janvier, Martial ; pour le second cas, saint Juste et saint Pasteur. Souvent il y a une transposition d'un·jour par rapport à la date du hiéronymien. En somme, la rédaction est bonne au point de vue des dates ; elle est peut-être moins bien composée que le Martyrologe de Bède : jamais cependant le rédacteur ne prend l'arbitraire pour règle.

5. *Lieu et date de composition*. — Les notices des saints français sont les plus nombreuses, et plus des deux tiers appartiennent à Lyon ou aux régions avoisinantes. De plus, les deux seules notices qui contiennent des particularités inspirées par des connaissances locales, sont des notices lyonnaises. On en conclut que la rédaction a été faite à Lyon avant 806 ; elle y recevra un peu plus tard de considérables additions.

ARTICLE IV. — **Le Martyrologe de Florus.**

Florus, diacre de ·l'église de Lyon, mort vers 860, a laissé des poésies latines, quelques commentaires sur l'Ecriture sainte, une exposition du Canon de la Messe : nous allons voir que son nom est prononcé aussi à propos des Matyrologes.

1. *Les manuscrits*. — Le document qu'il s'agit d'étudier présentement est contenu dans un certain nombre de manuscrits. Ce sont : *a)* Le manuscrit latin, 5554 de la Bibliothèque Nationale provenant de *l'abbaye de Sainte-Croix*,· au diocèse d'Embrun· : c'est pour le fond une copie du Martyrologe d'Usuard écrite au· XIIe siècle

avec additions concernant la Touraine et le Berry ;
— *b)* le manuscrit latin 5254 de la Bibliothèque
Nationale, provenant de l'église *Saint-Pierre de
Mâcon* : il a en marge quelques *obits*, est incomplet d'un mois et date du XIIe siècle ; — *c)* le manuscrit latin 5263 de la Bibliothèque Nationale, provenant de *Mâcon,* mais non de Saint-Pierre sem-
ble-t-il ; il est incomplet de la fin et date du
XIVe siècle ; — *d)* le manuscrit latin 9085 de la
Bibliothèque Nationale, provenant de l'église
cathédrale *Notre-Dame de Clermont ;* le fond date
du XIe siècle ; il y a aux folios 2-5, divers tableaux
de comput ; l'auteur cède volontiers au désir
d'abréger et paraît s'être servi d'un manuscrit
étroitement apparenté au précédent : plus nette-
ment encore que le manuscrit 3879, il se rattache
à la région du Puy-en-Velay ; — *e)* le manuscrit
925 de la Bibliothèque de l'Université de Bologne, provenant de la cathédrale de *Lyon* dont
il contient le nécrologe (1) ; — *f)* le manuscrit
additionnel 20495 du Musée Britannique, provenant du prieuré de *Talloire*, au diocèse de Ge-
nève, écrit au XIIIe siècle, incomplet au début ; —
g) le manuscrit 10158 de la Bibliothèque nationale, provenant de l'*abbaye d'Epternach*, écrit au
XIe siècle ; — *h)* le manuscrit 10018 de la Bibliothèque nationale, provenant de la *cathédrale de
Toul,* commencé vers l'an 1300 — *i)* ; le manuscrit
349 des nouvelles acquisitions latines de la Bibliothèque Nationale, provenant de l'*abbaye de Remi-
remont*, écrit au XIIe siècle et considérablement
abrégé.

On peut ramener ces divers manuscrits à cinq
témoins importants, savoir : les fragments de

(1) MM. Vanel et Condamin l'ont édité sous ce titre : *Martyrologe de
la sainte Eglise de Lyon,* texte latin inédit du XIIIe siècle avec préface,
notes et table onomatique, 1 vol. in-4°, Lyon, 1902. Ils ont cru, à tort,
que c'était un abrégé du Martyrologe d'Adon.

l'abbaye de Sainte-Croix, le manuscrit de Saint-
Pierre de Mâcon, celui de la cathédrale de Lyon,
celui de Clermont, enfin les manuscrits d'Epternach et de Toul : on y voit un ouvrage en formation, les accroissements se produisent dans l'ordre
des documents cités, l'apport des quatre premiers
témoins formant la recension M ; celui des manuscrits d'Epternach et de Toul où les accroissements
sont au grand complet formant la recension E T.
Il y a une notable différence entre cette dernière
recension et le Martyrologe lyonnais 3879.

2. *Le texte et les sources*. — Les sources sont le
mêmes que pour les Martyrologes précédents :
toutefois les emprunts aux sources littéraires sont
parfois très considérables et fort nombreux, les
auteurs les plus consultés sont : l'Histoire ecclésiastique d'Eusèbe continuée par Rufin, le *De viris
illustribus*, de saint Jérôme et la Chronique de
Bède. D'autres emprunts moins fréquents sont
faits aux Lettres de Saint Cyprien, à la Tripar-
tite de Cassiodore, à Grégoire de Tours, au *Liber
pontificalis*, etc. On sent ici une main savante, et
le nouveau rédacteur est très au courant de la littérature ecclésiastique. Le Martyrologe hiéronymien est aussi fréquemment mis à contribution :
le rédacteur y ajoute des indications topographiques, lui emprunte des mentions ou des notices,
s'en inspire enfin pour assigner une date aux personnages dont il demande le nom et l'éloge aux
divers auteurs ecclésiastiques.

3. *Valeur des dates*. — Les historiens, silencieux
d'ordinaire sur la date anniversaire des martyrs,
jettent souvent dans l'embarras les collecteurs du
présent recueil, le hiéronymien ne renseigne pas
toujours sur cette date : de là naissent des essais
d'identification assez malheureux. Cependant si
la recension M présente un bon nombre de fautes,

elle n'a pas d'indications arbitraires, le rédacteur
utilise comme il peut les sources diverses dont il
dispose.

4. *Lieu et date de composition*. — Les recensions
M et E T sont originaires de Lyon ou du moins
appartiennent à la région lyonnaise ; elles ont
dû être faites après 806, date de la translation
(qu'elles mentionnent) des martyrs scillitains à
Lyon, et avant 837, date de la translation des
saints Séverin, Exupère et Félicien à Romans,
car le rédacteur donne encore ces derniers comme
ensevelis dans la basilique de Saint-Romain à
Vienne.

5. *L'attribution à Florus*. — Les deux recensions
M et ET signalées dans cet article, et qui sont
comme un développement de l'œuvre de Bède,
cadrent entièrement avec la chronologie des
œuvres de Florus, et rappellent ces mêmes œuvres par la nature savante des sources mises à
contribution. De plus, Florus nous a laissé une
préface en vers : *Titulus libelli ad altare sancti
Stephani oblati*, qui fut vraisemblablement composée pour un Martyrologe offert par lui à la
cathédrale de Saint-Etienne de Lyon. D'autre
part, Wandelbert, moine de l'abbaye de Prüm,
publie un Martyrologe poétique vers l'année 848
et dit, dans sa préface, qu'il a eu recours aux bons
offices de Florus ; de fait, son œuvre a une ressemblance à peu près complète avec la recension
M ; d'où l'on peut conclure qu'avant 848, Florus
de Lyon dut communiquer à Wandelbert un
exemplaire tout au moins très voisin de M. —
Adon, qui séjourna successivement à Prüm et à
Lyon, a connu probablement les textes martyro-
logiques de l'un et de l'autre, peut-être même
a-t-il connu personnellement Florus ; or il attribue à ce dernier une augmentation du Martyro-

loge de Bède et il nous donne l'œuvre intégrale
de son prédécesseur, y compris les additions de
nos manuscrits les plus avancés ; c'est donc qu'il
a connu et employé, sous le nom de Florus, un
exemplaire de la recension E T. Usuard enfin, exposant sa méthode dans la lettre préface à Charles
le Chauve, dit qu'il s'est servi du hiéronymien et
du Martyrologe de Bède, mais que ces deux ou-
vrages ayant leurs défauts, il s'est attaché de pré-
férence à Florus (1). Il semble qu'il se soit trompé
sur l'origine de ce qu'il appelle le second livre de
Florus, car celui-ci paraît avoir été en réalité le
Martyrologe d'Adon ; mais Usuard abrège Adon
conformément à la recension M ; il connaissait
donc cette dernière et nous pouvons croire qu'il
la désignait implicitement sous le nom de premier
livre de Florus. Dès lors il convient de présenter
sous le nom de Martyrologe de Florus les deux
recensions M et E T.

ARTICLE V.

Le « Vetus » ou « Parvum Romanum. »

Adon, dans la préface de son Martyrologe, dit
avoir tiré un grand profit de l'œuvre de Florus,
mais aussi d'un Martyrologe très ancien, envoyé
autrefois de Rome à Aquilée par le pape à un
saint évêque. Ce document, publié en 1613 par
Rosweyde, a été successivement élevé aux nues,
puis dénigré ; il a été longuement défendu par le
P. du Sollier dont l'avis a prévalu dans l'opinion
courante. « Ce dernier, écrit le P. Victor de
Buck (2) a démontré à l'évidence que ce Martyrologe est d'origine romaine, qu'Adon l'a eu sous

(1) *P. L.*, t. CXXIII, c. 536.
(2) *Recherches sur les calendriers ecclésiastiques*, Bruxelles, 1877
p. 12. La thèse de du Sollier est dans le ch. II de sa *préface au Martyrologe d'Usuard. Acta SS. Junii*, t. VI, p. XVIII à XXXV.

les yeux, et que très probablement, il a été composé vers l'année 740. » — Cependant la discus-
sion s'est ouverte de nouveau : d'une part M. de
Rossi (1) et M. Achelis (2) apprécient plus favorablement le *Vetus Romanum* et le disent contemporain de Bède, M. Dufourcq (3) propose pour
époque de sa composition la première moitié du
VIIe siècle (608-638) ; d'autre part, Mgr Duchesne (4)
moins favorablement disposé, hésite entre la fin du
VIIIe siècle et le début du IXe. « Ces divergences si
considérables, ajoute Dom Quentin (5), s'expli-
quent par l'absence de notions sur le Martyrologe
de Florus. Le *Parvum Romanum* n'est pour le fond
qu'un dérivé de la recension E T, c'est-à-dire une
composition postérieure à 848. » Qu'on en juge.

1. *Les documents.* — Fort rares sont les manuscrits d'Adon où figure le Petit Romain : La Bibliothèque Nationale a un certain nombre de documents où les Martyrologes abrégés rappellent par
leur aspect le Petit Romain, mais ne doivent pas
être confondus avec lui. Rosweyde a tiré son texte
d'un manuscrit de la Chartreuse de Cologne ;
M. de Rossi a signalé un autre exemplaire dans le
manuscrit de Saint-Gall, du Xe siècle (témoin précieux pour le Petit Romain qui y figure au complet) avec de nombreuses corrections dont la plupart paraissent être de la main de Notker ; enfin
on mentionne un autre manuscrit du XIIIe siècle
en tête du 5256 de la Bibliothèque Nationale,
provenant de la cathédrale de Carcassonne (il est
incomplet).

2. *Le texte et ses rapports avec le Martyrologe*

(1) *Roma sotterranea*, II, XXVII.
(2) *Die Martyrologien*, p. 112.
(3) *Etude sur les Gesta martyrum rom.*, p. 372.
(4) *Liber Pontificalis*, t. I, p. CXXVI.
(5) *Ouvr. cité*, p. 410.

de Florus (1). — Sur un total de 595 mentions données par le *Parvum Romanum*, 120 seulement sont introduites par lui, les 475 autres sont empruntées à Florus ; la rencontre ne saurait être l'effet du hasard. D'ailleurs une étude des détails confirme la dépendance.

3. *Changements de date.* — Le nouveau rédacteur, sur ces 475 notices empruntées à Florus, en a déplacé 51 ; sur ces changements, si quelques-uns peuvent se justifier par des attestations antérieures, d'autres n'ont pour motif que la nécessité de combler un vide.

4. *Nature de l'œuvre et ses sources.* — L'auteur du *Parvum Romanum* s'inspire des sources hagiographiques, des extraits de l'Ancien et du Nouveau Testament, des sources littéraires ; mais on reconnaît en lui une tendance à se vieillir toutes les fois qu'il s'agit de saints romains, et parallèlement un souci d'éviter toutes les mentions de saints dont la date trop récente ou le caractère trop local auraient nui à l'aspect antique et romain du Martyrologe. L'œuvre ne doit être accueillie qu'avec une très grande méfiance.

ARTICLE VI. — Le Martyrologe d'Adon.

Adon, né en 799 au diocèse de Sens, mort en 875, fut élevé dans l'abbaye de Ferrières, passa quelque temps au monastère de Prüm, voyagea en Italie, séjourna cinq ans à Rome et fut archevêque de Vienne de 860 à 875. On a de lui une *Chronique universelle* en latin et diverses autres œuvres (2) : nous ne nous occupons ici que de son *Martyrologe*. Ce document conservé dans un nombre de manuscrits plus considérable que les

(1) Dom H. QUENTIN, *ouvr. cité*, p. 414-451.
(2) *Dictionnaire d'Archéologie Chrétienne et de Liturgie*, t. I, c. 535-539.

précédents a eu aussi plus d'éditions successives :
Lipomano (1554), Mosander (1581 et 1586), Rosweyde (1) (1613), Giorgi (1745). Les notices y sont
souvent d'une longueur démesurée et présentent
d'ordinaire de larges extraits des sources.

1. *Les manuscrits.* — On peut les classer en
deux familles : la première reproduit le type qui
a servi aux éditions de Lipomano, Mosander et
Rosweyde, la deuxième celui qu'ont préféré Mabillon et Giorgi (2). Dans chaque famille, il y a
de plus des exemplaires abrégés.

2. *Le texte.* — *A*. La première famille donne,
d'ordinaire, la préface d'Adon, assez rarement le
Petit Romain, puis une seconde préface, en grande
partie tirée comme la première de saint Augustin (3). Parfois, on trouve en cet endroit l'hymne
Æterna Christi munera. Suit une première partie
du Martyrologe, dont la disposition s'inspire de
celle des *Breviaria Apostolorum* dans le Martyrologe hiéronymien. Le Martyrologe proprement
dit commence à la Vigile de Noël pour se termi-
ner à la fin du 10 des calendes de janvier ; le texte
est immédiatement suivi d'un extrait du *Titulus
Libelli* de Florus (4). Il y a en plus, dans la plupart des manuscrits de cette catégorie, une série
de notes sur les papes, visant en particulier les
constitutions qui leur sont attribuées par le *Liber
Pontificalis*. Ces notes portent ou sur des notices
déjà existantes, ou sur les nouveaux noms de
papes introduits au Martyrologe. Puis vient, dans
un plus petit nombre de manuscrits, une autre
série d'additions consacrées aux évêques et à
quelques saints de Vienne.

(1) Celle de Rosweyde est dans la *Maxima Bibliotheca Veterum Pa-
trum*, de Lyon, t. XVI, p. 812 ; et dans *P. L.*, t. CXXIII, c. 143.
(2) Voir le tableau de Dom Quentin, p. 466-468.
(3) *Contra Faustum*, XX, 21. *P. L.*, t. XLII, c. 384.
(4) Cf. *P. L.*, t. CXXIII, c. 143-436.

B. la deuxième famille est beaucoup plus simplement composée : point de préface d'Adon ni de nom d'auteur ; on commence par la préface tirée de saint Augustin, immédiatement suivie du Martyrologe. On y remarque trois particularités : *a)* les notices du *Libellus de festis Apostolorum* sont fondues dans le corps du Martyrologe ; *b)* un nombre considérable de notices sont changées de date et ces changements correspondent souvent en sens inverse à ceux du Petit Romain par rapport au texte de Florus ; *c)* des additions ont été introduites, les unes concernant les saints d'Auxerre, les autres empruntées à Usuard dont le texte entier est reproduit y compris les saints de Cordoue. Nous avons donc affaire ici à un remaniement du texte d'Adon, mais ce remaniement est intéressant, car il a eu pour base un texte excellent. Dans cette famille, en effet, on ne trouve ni évêques de Vienne ni notices additionnelles concernant les papes.

C. D'où il suit que pour avoir un texte d'Adon à peu près pur, il faudrait dans l'édition de Rosweyde supprimer les notices ou portions de notices concernant les papes et signalées comme additionnelles, supprimer aussi les mentions viennoises et faire certaines éliminations de détails (1).

3. *Les sources d'Adon et sa méthode*. — L'étude des sources d'Adon serait très simple s'il était vrai, comme le dit sa préface, que son Martyrologe est un composé de l'œuvre de Florus et du Petit Romain : malheureusement nous avons vu que le Petit Romain est une pièce suspecte et nous ne pouvons pas en tenir compte. Il y a donc lieu de considérer comme appartenant à Adon lui-même tout ce que celui-ci n'emprunte pas à Florus.

(1) Dom QUENTIN, *our. cité*, p. 476.

Dans une même notice Adon utilise parfois plusieurs sources et souvent ajoute des détails tirés
de son propre fonds. C'est dans les notices nombreuses tirées du Nouveau Testament, dans celles
surtout que lui fournit le livre des Actes qu'il se
donne libre carrière ; chez lui, la concordance
avec l'hiéronymien ou les Synaxaires grecs
n'existe plus ; on rencontre des noms nouveaux,
des dates nouvelles et surtout une richesse éton-
nante d'indications topographiques. Il exploite
le livre des Actes avec une simplicité naïve ; ainsi
parce qu'un personnage y est situé en un lieu
donné, il l'y fait mourir après l'avoir créé évêque
de l'endroit ; pour les dates, les anciens disci-
ples, dont les notices sont empruntées uniquement aux Actes des Apôtres, se trouvent dans le
cours de l'année selon l'ordre des chapitres où il
en est fait mention. Quand on rapproche de son
œuvre le Passionnaire de Stuttgard (XIIe siècle)
malheureusement incomplet, et le manuscrit 144
de Chartres (1), on constate qu'Adon a eu peu de
recherches à faire pour composer son Martyrologe
et qu'il a plutôt exagéré son mérite quand il parle
dans sa préface de *Passionum codices undecumque
collecti*. Heureux s'il n'y avait pas mélangé les inventions de son prétendu Martyrologe romain.

4. *Adon et le Petit Romain*. — Le *Vetus Romanum*, avons-nous dit plus haut, est un document
suspect : il est vraiment étonnant qu'Adon en fasse
un si grand éloge. Ou il s'est laissé abuser sur sa
valeur, ou lui-même nous trompe. Or la première
hypothèse n'est pas soutenable ; car en 850 la
recension E T de Florus existait à peine et
nous savons que le « Petit Romain » dépend de
cette recension : il est matériellement impossible
que le document dont Adon fait tant de cas lui

(1) *Anal. Bolland.*, t. VIII, p. 125.

soit tombé entre les mains au moment où il rédigeait lui-même son Martyrologe.

Reste donc à dire qu'Adon cherche à en imposer à sès lecteurs quand il leur présente le Petit Romain comme un *venerabile perantiquum martyrologium*. Lui-même a composé ce document. L'hypothèse apparaît comme la seule acceptable pour peu que l'on compare, dans les deux documents, le récit des passions, la manière d'utiliser les auteurs ecclésiastiques et les changements de date. Un exemple sur chacun de ces trois points pourra nous en convaincre. A. *Les passions :* Rufin, s'appuyant sur l'autorité de saint Justin, parle d'un certain Ptolémée mis à mort pour avoir enseigné la religion chrétienne à une femme dont le mari était resté païen : il ne spécifie pas le lieu du martyre que Justin dit avoir été consommé à Rome. Mais parce que dans la première partie du récit de Justin, le seul nom de ville prononcé est celui d'Alexandrie, Adon place toute l'action du martyre dans cette dernière cité. La même localité est mentionnée dans le Petit Romain.

B. Utilisation des *auteurs ecclésiastiques*. Les courtes notices historiques du *Vetus Romanum* paraissent avoir été rédigées pour mettre en relief, une particularité de la vie, du martyre ou de la sépulture des saints anciens ou des saints romains : la même particularité se trouve dans la notice correspondante du Martyrologe d'Adon. Il est vraiment étonnant que les documents se rencontrent ainsi alors que la source alléguée ne mentionne pas cette particularité. Ainsi, au 8 mars, au sujet de saint Pontius, diacre et biographe de saint Cyprien, ce n'est pas le *De viris illustribus* de saint Jérôme qui fait de Pontius un martyr. La phrase ajoutée par Adon et le Petit Romain est une imitation de l'éloge décerné par Rufin à saint

Alexandre de Jérusalem (honoré le 30 janvier). ·

C. *Changements de dates*. Sur ce point la même coïncidence curieuse entre les deux documents se produit. Un saint Gorgon, martyr de Nicomédie, est transporté du 12 mars (date que lui assigne le Martyrologe de Florus) au 9 septembre ; mais comme les Martyrologes antérieurs (Bède par exemple) mentionnaient un saint Gorgon, martyr romain, Adon identifie les deux. L'identification est préparée par cette phrase du Petit Romain : *Nicomediae, Dorothei, et Gorgonii, quorum unus, idest, Gorgonius Romam transfertur.* ·

A quel mobile a cédé Adon, on se le demande. Peut-être fût-ce pour soutenir les affirmations de son grand ouvrage, et éclipser tous ses concurrents en un siècle où l'on vit tant de compilations de ce genre (1).

5. *Lieu et date de composition*. — On a cru que le Martyrologe d'Adon avait été composé à Vienne ; mais les détails sur Lyon permettent d'affirmer avec certitude que cette dernière ville fut le lieu où Adon rédigea son Martyrologe entre 850 et 859 (2).

6. *Les dérivés du Martyrologe d'Adon*. — On en compte cinq, savoir : le *Martyrologe d'Usuard*, la *recension Adonienne* contenue dans les manuscrits préférés par Mabillon et Giorgi, le Martyrologe *de Notker*, ceux enfin d'*Herman Contract* et de *Wohlfand*.

---

(1) On trouvera ces preuves plus amplement développées dans l'ouvrage de Dom H. QUENTIN : *Les Martyrologes historiques*, pp. 654 à 663.
(2) Ceci est établi par la présence des mentions lyonnaises et par l'absence de toute mention viennoise ; il est prouvé que celles-ci apparaissent seulement dans les éditions postérieures d'Adon, à partir de la troisième.

CHAPITRE IV
Le Martyrologe d'Usuard du Xe siècle au XVIe.

I. *L'auteur ; le but et le caractère de son œuvre.*
— Usuard est un moine bénédictin du IXe siècle ;
en 840, sa présence est signalée à l'abbaye de
Saint-Germain des Prés, il va passer quelques
années en Espagne, rédige entre 870 et 876 l'œuvre dont nous nous occupons ici, et meurt en 877.
Lui-même expose le dessein et le but de son Martyrologe dans une lettre adressée à l'empereur
Charles le Chauve : « Au désir de corriger dans
les livres d'enseignement ecclésiastique ce que j'y
trouvais d'imparfait est venu se joindre l'ordre de
Votre Majesté : ainsi j'ai été amené à rétablir une
certaine unité dans les solennités des saints, en
me servant de divers Martyrologes (1). » Cette
dédicace oblige de placer la rédaction vers 875,
peu de temps après l'œuvre d'Adon à laquelle on
la préféra bientôt (2).

Avec Usuard, le Martyrologe historique atteint
en quelque sorte sa perfection. Il n'a plus de jours
vides comme on en trouve dans Bède ou Florus,
il est débarrassé des longueurs d'Adon, il est
devenu d'un usage commode. Il n'y aura plus
désormais qu'à l'augmenter çà et là de quelques
notices spéciales pour l'adapter à l'usage de chaque église particulière. Par rapport à ses devanciers, Usuard est plus qu'un abréviateur, il ajoute
beaucoup : ainsi le nombre des saints commémorés
qui était de 800 dans Adon monte chez lui à près
de 1.170 ; sur ce nombre on compte 300 mentions
simples, le reste présente de minuscules notices.

(1) *Acta Sanctorum :* Junii, t. VI ; préface de du Sollier, p. XXXVIII.
(2) Mabillon en parle ainsi : *Ad Usuardi auctoritatem prope accedere Adonis Martyrologium. Prolegomena ad Sæc. IV. Bened.*

La très grande majorité des mentions concernent des saints français dont beaucoup figurent au Martyrologe hiéronymien.

II. *Documents*. — L'œuvre d'Usuard nous a été conservée dans un nombre très considérable de manuscrits : il n'est presque pas de bibliothèque qui n'en possède quelqu'un et ils abondent dans les grands dépôts de Paris, de Rome, de Munich et de Londres (1). Il est vrai que les catalogues ne permettent pas toujours d'en faire l'identification.

— Du Sollier, au XVIIIe siècle, en étudia un certain nombre : il place au premier rang pour l'antiquité le manuscrit de Saint-Germain des Prés et le *Codex Heriniensis* : ce dernier avait eu les préférences de Bollandus (2).

III. *Texte et sources*. — *1)* L'intérêt de ce texte est tout entier dans les sources où puise Usuard : car, si l'on met à part certaines additions, comme les noms d'Ascla au 23 janvier, Grégoire d'Elvire au 24 avril, Arétas au 1er octobre, Cainichus au 11 octobre, Fortunat au 14 octobre, Maxime, Marthe et Saule au 20 octobre, Minias et Hilaire au 25 octobre, c'est à peine si l'on trouve dans son œuvre un nom qui ne soit pas mentionné dans ses devanciers.

2) Quant aux *sources*, Usuard déclare, dans sa lettre à Charles le Chauve, qu'il a pris presque toutes ses indications dans le Martyrologe hiéro-nymien, le Martyrologe de Bède et celui de Florus. Il faut citer ses propres expressions : *Nam et venerabilium, Hieronymi videlicet ac Bedae pres-byterorum in hoc provocabar descriptis ; quorum unus brevitati admodum studens, alter vero quam-plures kalendarum dies intactos relinquens, multa*

---

(1) Dom Quentin donne la liste de ceux qu'il a examinés par lui-même et où il a reconnu, pour le fond, l'œuvre d'Usuard : *Les Martyrologes historiques*, p. 675.

(2) *Acta Sanctorum, Junii*, t. **VI**, *prefatio*, pp. **XLV** et **XLIX**.

*probantur hujus opusculi praeteriisse necessaria.
Adhibui igitur* **Flori memorabilis viri, collecta
e pluribus in eodem negotio secundi libri
commenta ;** *quem maxime imitandum, in his quae
visa sunt congrua ac memoria digna, censui, quia
plura summo studio, quae breviter perstrinxi, et
correxit et addidit* (1). Pas de difficulté pour les
deux premiers noms de Jérôme et de Bède : mais
le nom de Florus a fort embarrassé Du Sollier, atten-
du que l'œuvre d'Usuard rappelle manifestement
celle d'Adon. — Voici, à ce propos, les réflexions
que la lettre d'Usuard suggère à Dom Quentin (2) :
« Usuard aurait connu non seulement une rédaction martyrologique attribuée à Florus, mais
deux, et la seconde aurait marqué sur la première
un progrès considérable, l'auteur l'ayant corrigée
et largement augmentée. Rien d'impossible assurément : toutefois la valeur de l'information
d'Usuard est à peu près réduite à néant par le fait
qu'il s'est trompé sur ce qu'il appelle le second
livre de Florus. Le P. Du Sollier a observé que
l'auteur désigné ici est Adon ; le Martyrologe
d'Adon et celui de Florus qu'Usuard avait sous
les yeux se ressemblaient tellement qu'on pouvait
les prendre pour les deux éditions successives
d'un même ouvrage. » Les recherches de Dom
Quentin ont jeté une nouvelle lumière sur cette
constatation, on peut donc souscrire à ce qu'il dit
dans la conclusion de son ouvrage : Usuard abrège
et complète tout ensemble le texte de la première
édition du Martyrologe d'Adon en revenant quelquefois aux leçons de Florus (3).

IV. *Succès et influence du Martyrologe d'Usuard.*
— *1)* La rédaction d'Usuard ne tarda pas à jouir

(1) *Acta SS., ibid.,* p. xxxviii. Cf. *P. L.,* t. CXXIII, c. 539.
(2) *Ouvr. cité,* p. 403.
(3) Dom QUENTIN, *ouvr. cité,* p. 684.

d'une vogue universelle non seulement dans l'ordre bénédictin, mais dans les autres ordres, monastères réguliers et séculiers ; on en fit des adaptations et des abrégés dont il est facile de retrouver la trace pendant le XIe siècle et les siècles qui suivirent jusqu'à la découverte de l'imprimerie. Ainsi : le manuscrit H. 410 de Montpellier (XIe siècle) porte pour le mois de janvier des traces d'emprunts faits à Usuard (1) ; à la Bodléienne d'Oxford, manuscrits lat. liturg. nº 6, il y a un manuscrit d'Usuard du XIe-XIIe siècle provenant du monastère du Sauveur *in Letenano* (2) ; le Martyrologe d'Usuard fait le fond du Martyrologe de Florus dans le manuscrit lat. 5554 de la Bibliothèque Nationale, copie du XIIe siècle en usage à *l'abbaye de Sainte-Croix*, diocèse d'Embrun (3) ; il sert à combler les vides dans le manuscrit 925 de la Bibliothèque de l'Université de Bologne, Martyrologe de la *sainte église de Lyon* au XIIIe siècle, publié par MM. Vanel et Condamin (4) ; il remplace le Martyrologe de Bède à *Sainte-Marie du Transtevère*, au XIVe siècle (5) ; il sert à retoucher le manuscrit 584 des nouvelles acquisitions latines, reproduction du Martyrologe lyonnais manuscrit 3879 (6).

2) Le succès ne fit que grandir avec l'invention de l'imprimerie. En 1475, on vit paraître ce qu'on a appelé la grande édition de Lubeck, suivie, cinq ans plus tard (en 1480), de l'édition d'Utrecht ; l'une et l'autre plus remarquable par le format et le soin extérieur que par la correction du texte (7). En 1490, sont données les éditions de Lubeck (la

(1) Dom QUENTIN, *ibid.*, p. 29.
(2) *Ibid.*, p. 37.
(3) *Ibid.*, p. 223.
(4) *Ibid.*, p. 231.
(5) *Ibid*, p. 44.
(6) *Ibid.*, p. 134.
(7) *Acta Sanctorum. Junii*, VI, p. XL.

seconde) et de Cologne : cette dernière, au dire de Rosweyde, a reçu des additions qui modifient sensiblement l'œuvre d'Usuard (1). En 1498, à Venise paraît un *Martyrologium secundum morem romanae curiae*, corrigé par *Belinus*, ermite de saint Augustin : le fond est d'Usuard. L'auteur dans sa préface signale comme anciens documents en ce genre les Martyrologes de Jérôme et de Bède, mais avoue avoir ajouté quelques noms de saints, de sa propre autorité. A la fin du XVe siècle le Martyrologe d'Usuard était adopté dans presque toutes les églises d'Occident, et spécialement dans les basiliques de Rome ; seule, la Basilique Vaticane avait un Martyrologe particulier, encore était-ce un Usuard auquel on avait fait, en plus grand nombre des additions, simplifications et amplifications. — Au XVIe siècle, à côté des éditions défectueuses données à Venise, à Messine, etc., il y a lieu de signaler comme excellente, et la meilleure au point de vue critique, l'édition de Molanus, parue sous ce titre : *Usuardi Martyrologium quo romana Ecclesia ac permultae aliae utuntur, opera Joannis Molani cum tractatu ejusdem de Martyrologiis*. Louvain, 1568. Dix ans après (1578), paraît à Milan le *Martyrologium sanctae romanae Ecclesiae usui in singulos anni dies accomodatum auctore Galesino*. — Ainsi le Martyrologe d'Usuard est devenu insensiblement le Martyrologe de l'Eglise romaine ; malheureusement, l'édition, signalée en dernier lieu, fourmille de fautes, Galesini étant loin d'être aussi compétent en histoire ecclésiastique qu'il pouvait l'être en littérature biblique et patristique.

Du Sollier donna, en 1714, son édition du Martyrologe d'Usuard, et c'est elle que l'on trouve

(1) *Ibid.*, p. XLI.

dans les *Acta Sanctorum,* tome VI de juin : elle est
aussi dans Migne (1).

Peu après l'édition de Du Sollier, Dom Bouillart, religieux de Saint-Germain des Prés publia
in extenso le texte d'un manuscrit de son monastère
qui passait pour être l'autographe d'Usuard, et
dont les leçons sont souvent et parfois gravement
différentes de celles qu'on trouve dans Du Sollier.
L'édition de Dom Bouillart est précédée d'une
préface et accompagnée de notes où le travail de
Du Sollier est amèrement critiqué (2). La difficile
question soulevé par ces critiques n'est pas encore
tranchée. M. Longnon, qui a étudié spécialement
l'obituaire joint à ce Martyrologe, pense que si le
manuscrit de Saint-Germain n'est pas l'autographe
d'Usuard, ce qu'il n'ose décider, il est au moins
contemporain du célèbre moine (3).

CHAPITRE V

Le Martyrologe Romain
depuis le XVIe siècle jusqu'à nos jours.

En deux articles, nous donnerons ici brièvement
l'historique de sa formation et les indications
concernant son usage liturgique.

(1) *P. L.,* t. CXXIII, c. 453 et seq. Sur le Martyrologe d'Usuard et
ses éditions, voir aussi D. BAUMER : *Histoire du Bréviaire* (traduction
Biron), t. II, pp. 244-245.
(2) *P. L.,* t. CXXIII, c. 587. On a introduit dans Migne la préface de
Dom Bouillart, et dans le texte on a mis entre crochets les modifications
apportées par son édition.
(3) A. LONGNON : *Notice sur le plus ancien obituaire de l'abbaye de
Saint-Germain des Prés,* dans les *Notices et documents publiés par la
Société de l'Histoire de France, à l'occasion du cinquantième anniversaire de sa fondation,* 1884, p. 20, note 2.

Article I. — **Historique de la formation.**

Au XVIe siècle, on crut devoir modifier la pratique suivie pendant de longs siècles par rapport au Martyrologe. On estima qu'il y aurait avantage à ce que toutes les églises particulières astreintes à un Martyrologe corrigé et enrichi, pussent de la même façon louer Dieu dans ses saints.

1. Lors de la réforme du calendrier opérée en 1582, le pape Grégoire XIII résolut de soumettre le Martyrologe romain à une revision : il s'agissait, non pas de créer un nouvel ouvrage, car l'œuvre d'Usuard était généralement adoptée, mais d'en faire disparaître les erreurs dues à la négligence des copistes et des imprimeurs. On arriverait ainsi à une édition plus correcte, sans songer pour cela à satisfaire toutes les exigences de la critique historique. Ce but restreint ne fut atteint tout d'abord qu'assez imparfaitement. En 1580, Grégoire XIII confie au cardinal·Sirleto le soin de préparer une édition revue et corrigée du Martyrologe. Sirleto forme une commission de dix membres parmi lesquels il importe de mentionner Baronius. On prend pour base le Martyrologe d'Usuard, d'un usage général en Occident, et on le compare avec un ancien Martyrologe du couvent de Saint-Cyriaque *in via lata* (1), et avec l'édition précédemment donnée sous le nom de Bède (on avait été impuissant à retrouver le texte de Florus). La nouvelle édition étant destinée, non à la seule ville de Rome, mais à l'Église entière, on dut y ajouter des noms qu'on emprunta principalement à deux sources : le Ménologe compilé par le cardinal Sirleto et les Dialogues de saint Grégoire le Grand ; on y joignit un petit nombre de saints dont le culte était reconnu dans divers dio-

(1) Ce manuscrit a été mentionné plus haut à propos du Martyrologe de Bède, p. 32. C'est le F. 85 de la Bibliothèque Vallicellane.

cèses d'Italie. Telle fut l'édition de 1583 qui parut sous ce titre : *Martyrologium Romanum ad novam kalendarii rationem et ecclesiasticae historiae veritatem restitutum Gregorii XIII jussu editum.* Aucune approbation n'accompagnait le volume. Il ne tarda pas à déplaire et fut remplacé par une autre édition du 27 mai 1583, aussi éphémère que la précédente ; Baronius la déclara défectueuse sans dire sur qui on devait en faire retomber la responsabilité. En janvier 1584, Grégoire XIII approuve une troisième édition du Martyrologe qu'il impose à toute l'Eglise. Baronius, par ordre du pape, commente, revise, corrige cette œuvre, et publie, en 1586, le résultat de son travail qu'il dédie à Sixte-Quint, successeur de Grégoire XIII. Deux autres éditions paraissent ensuite : l'une chez Plantin d'Anvers, en 1589, où Baronius avait envoyé ses corrections (elle donna lieu à un échange considérable de lettres entre Baronius et les savants du monde entier) ; l'autre, en 1598, au Vatican (on y utilise les intéressantes controverses soulevées à l'occasion de la précédente).

2. Baronius ne cessa pas de perfectionner son œuvre : ses notes conservées à la Vallicellane furent utilisées pour l'édition du Martyrologe donnée en 1630 sous Urbain VIII. Il s'agissait alors d'une nouvelle revision du Recueil officiel dans lequel on ferait entrer les noms des saints nouvellement canonisés. Gavantus, qui fut alors membre de la commission, témoigne que l'on corrigea le texte en maint endroit ; on écarta entre autres le nom de Sulpice-Sévère.

Il faut descendre ensuite jusqu'au pontificat de Benoît XIV pour trouver dans le Martyrologe romain d'autres changements que ceux nécessités par la canonisation de nouveaux saints. Les caractères de la publication faite à cette époque (Rome, 1749) sont retracés dans la lettre de Benoît XIV à Jean V, roi du Portugal : cette lettre est publiée en tête des éditions données depuislors, on y a joint le traité de Baronius sur le Martyrologe romain (1).

Il résulte de cet exposé que le Martyrologe actuel, au point de vue de la critique historique, n'est pas à l'abri de toute attaque : 1° De ce recueil comme de ses devanciers on peut dire qu'il vaut ce que valent ses sources. Par Usuard, tout l'héritage des précédents rédacteurs, y compris les inventions d'Adon, a pénétré dans le Martyrologe romain, au moins autant que les correcteurs de Grégoire XIII ne s'y sont pas opposés ; — 2° Benoît XIV, dans le document qu'on vient de citer, reconnaît bien des imperfections aux éditions approuvées par ses prédécesseurs ; — 3° Le même pontife s'explique ailleurs au sujet de réserves à faire sur l'inscription des noms de saints au Martyrologe (2). Dans les cas de canonisation proprement dite d'un saint, l'insertion du nom de ce saint au Martyrologe romain engage assurément l'infaillibilité de l'Église, comme l'enseignent communément les docteurs ; mais d'autres noms ont pu être introduits en vertu d'une béatification soit formelle soit équipollente, et alors le jugement de l'Église n'est pas en cause. A plus forte raison ne l'est-il pas pour les noms (et ils sont assez nombreux) qui furent introduits au Martyrologe par l'autorité privée du rédacteur, et sans autre motif que celui de combler un vide. Et, remarque à ce propos Dom Quentin, il serait aussi imprudent de s'appuyer aveuglément sur le Mar-

(1) Au sujet de ces éditions, voir Dom BAUMER : *Histoire du Bréviaire* (traduction Biron) t. II, pp. 245-250. — LAEMMER : *Parergon de Martyrologio Romano*, Ratisbonne, 1878. — BENOIT XIV : *De Canonisatione sanctorum*, lib. IV, p. II, c. 17, t. IV des Œuvres, p. 560.
(2) *De Servorum Dei beatificatione*, lib. I, c. 43.

tyrologe romain, héritier direct des Martyrologes du Moyen Age, que téméraire de rejeter sur l'autorité ecclésiastique la responsabilité des erreurs qu'il contient (1) ; — 4° La distinction établie par Benoît XIV n'aurait plus sa raison d'être, si l'on pouvait prouver que l'insertion d'un nom au Martyrologe romain équivaut à une canonisation. Mais il déclare que la preuve est encore à faire et ne se fera sans doute jamais. — 5° Enfin n'est-il pas excessif de mettre en cause l'infaillibilité de l'Église dans l'approbation donnée par elle à un document auquel elle reconnaît certains défauts, quand elle ne juge pas opportun de les corriger, parce que les éléments du procès ne sont pas encore suffisamment éclaircis ? Pour quiconque voudra lire attentivement la lettre apostolique de Benoît XIV au roi de Portugal, comme aussi le chapitre consacré au Martyrologe romain dans son grand ouvrage de la Canonisation des saints, il sera facile de se persuader que telle est l'attitude de l'Église vis-à-vis du document étudié dans le présent opuscule.

De nos jours, le Souverain Pontife a institué une commission historico-liturgique pour procéder à une nouvelle revision du Martyrologe romain. Cette mesure n'a rien qui soit de nature à diminuer notre respect pour ce livre liturgique : le style de ce recueil demeure tout empreint de l'onction et de l'enthousiasme qu'inspirait à nos pères leur tendre vénération pour les saints de Dieu.

ARTICLE II. — **Usages liturgiques concernant le Martyrologe romain.**

I. *Pratique de la lecture du Martyrologe.* — L'usage de réciter, à la fin de l'heure de Prime,

____

(1) Dom H. QUENTIN, ouvr. cité, p. 689.

les noms des saints du lendemain paraît fort ancien, du moins dans les monastères : nous avons dit qu'il peut remonter jusqu'au VIIIᵉ siècle. Le concile d'Aix-la-Chapelle, au IXᵉ siècle, le mentionne comme le premier acte du chapitre : au moment où les moines allaient demander la bénédiction et recevoir les ordres de l'Abbé pour les travaux du jour, c'était sans doute une douce joie pour eux d'entendre annoncer ainsi les fêtes et les saints qu'ils devaient célébrer le lendemain ou même, aux grands jours, dès le soir à partir des premières vêpres. Diverses églises adoptèrent la coutume de dire le Martyrologe au chœur. Grégoire XIII a sanctionné cette coutume, voulant qu'elle se pratique à l'office du chœur et manifestant même le désir qu'elle fût pratiquée dans la récitation privée de l'office. Aussi cet usage a-t-il persévéré au chœur, même chez les séculiers qui n'attachent pas généralement au chapitre la même importance que les moines. Dans les communautés et dans la plupart des Séminaires, on a l'habitude de faire cette lecture au réfectoire à la fin du repas principal.

La Constitution de Grégoire XIII, en date du 14 janvier 1584, imposa la nouvelle édition du Martyrologe Romain à toutes les églises tant du clergé régulier que du clergé séculier ; défense fut faite d'ajouter ou de changer quoi que ce fut au texte sans l'approbation de la Sacré Congrégation des Rites et du Souverain Pontife. — Toutefois, comme le Martyrologe ne pouvait mentionner tous les saints honorés dans les églises particulières, la même Constitution permit de les annoncer avec les autres, les martyrs après les martyrs, les confesseurs après les confesseurs, etc., mais sans souffrir qu'on les insérât dans le Martyrologe même. La permission d'annoncer ainsi les saints propres à une église s'applique non seulement à ceux dont on célèbre l'office, mais aussi à tous ceux dont la sainteté est bien reconnue et qui présentent quelque intérêt particulier (1). On peut même pour les fêtes plus importantes annoncer les vigiles et les octaves. Ces insertions particulières doivent être rédigées en un style bref et concis : le nom du lieu où le saint est mort, ou du pays qui l'honore d'un culte spécial, le nom du saint et de son titre liturgique, l'indication du caractère propre de la fête, comme *translation, ordination, passion, disposition* et voilà tout. Quelquefois, il peut y avoir des raisons d'ajouter un éloge historique, mais celui-ci ne doit pas prendre les proportions d'une leçon et doit s'appuyer sur des témoignages dignes de foi ou sur la tradition locale bien constatée.

II. *Rites qui accompagnent la lecture du Martyrologe*. — Ces rites ont toujours été assez simples, ceux qui sont actuellement en usage se rapprochent beaucoup de ceux d'autrefois. D'après d'anciens bréviaires, l'enfant chargé de la lecture du Martyrologe demandait la bénédiction et le Supérieur la donnait en ces termes : *In viam mandatorum...* Cette bénédiction ne se donne plus aujourd'hui. Quant à la formule finale : *Et alibi aliorum...* nous la devons à Usuard. Ce moine bénédictin, au moment où il fit sa compilation, trouva pour chaque jour de l'année une moyenne de trois cents fêtes, ne pouvant leur donner une mention expresse, il y suppléa par une formule générale que l'Église a conservée. — Le prêtre présidant à l'office du chœur, après que tous ont répondu : *Deo gratias,* ajoute aussitôt une oraison légèrement modifiée. Autrefois on disait : *Ipsi et omnes sancti intercedant;* de

(1) Voir GAVANTI c. XXI, n. 8. Sect. V, et RUBRIC. Martyrol.

nos jours, la dévotion toujours croissante envers la Très Sainte Vierge a fait changer le début de la façon suivante : *Sancta Maria et omnes sancti...*

· La veille de certaines fêtes, des pratiques spéciales accompagnaient la lecture du Martyrologe. Ainsi la vigile de Noël, dans les anciens monastères, les frères se faisaient la barbe, le Supérieur sonnait plus longtemps la cloche du chapitre ; et quand le lecteur prononçait ces mots : *Nativitas Domini nostri Jesu Christi secundum carnem,* tous se prosternaient humblement pour remercier le Seigneur de son ineffable tendresse. En certains lieux on récitait *Miserere,* ou *Memento salutis auctor,* ou d'autres prières du même genre.

Un usage analogue était observé le matin du Jeudi Saint quand on annonçait : *Parasceve, Dominus noster Jesu Christus crucifixus est ;* puis le Samedi Saint pour l'annonce de la Résurrection, etc. La liturgie actuelle a conservé des traces de ces anciennes pratiques.

Les règles à observer de nos jours sont soigneusement exposées dans les Rubriques imprimées en tête des éditions actuelles du Martyrologe.

CONCLUSION

Puisse cet opuscule contribuer à faire connaître et apprécier davantage le Martyrologe, qu'on peut appeler les *Annales de la Sainteté* et le *Livre d'Or du Christianisme*. A coup sûr, l'Eglise ne prétend ni méconnaître ni dissimuler les imperfections d'un Recueil que les siècles se sont transmis avec les augmentations successives introduites par les Eglises particulières ; plusieurs fois elle a pris l'initiative des corrections à faire ; elle y travaillera de nouveau quand elle jugera le moment opportun. En attendant, elle veut que nous le considérions comme le thème d'une exhortation puissante à la sainteté.

« L'Eglise enseignée par l'Esprit-Saint, dit à ce sujet le Cardinal Bona (1), n'a pas voulu négliger cet enseignement très salutaire qui apprend à bien vivre ; c'est pourquoi elle nous fait rappeler, chaque jour à l'office divin, le souvenir des saints inscrits au Martyrologe, pour que ceux qui entendent parler des glorieux combats de tant de saints personnages soient animés à entreprendre les mêmes luttes et se décident à imiter les actions de ceux dont ils célèbrent le triomphe. Saint Augustin a dit en termes excellents : Les solennités des martyrs sont une exhortation au martyre, il ne faut pas tarder à imiter ceux que nous aimons à célébrer (2).

Sur les pages de ce livre toujours ouvert, la sainte Église de Dieu ajoute sans cesse de nouveaux noms ; elle ne le fermera qu'à l'heure où sa mission sur terre se terminera, à l'heure où sera inscrit au ciel le nom du dernier des élus.

(1) *De Divina Psalmodia,* cap. 16. § 19. n. 1. 1 vol. in-4°. *Antuerpiae,* 1677, p. 865.
(2) S. Augustin : *In natali viginti Martyrum.* P. L., t. XXXVIII, c., 1447.

TABLE DES MATIÈRES

1189-10. — Imp. des Orph.-Appr. F. BLÉTIT, 40, rue La Fontaine,
Paris-Auteuil.

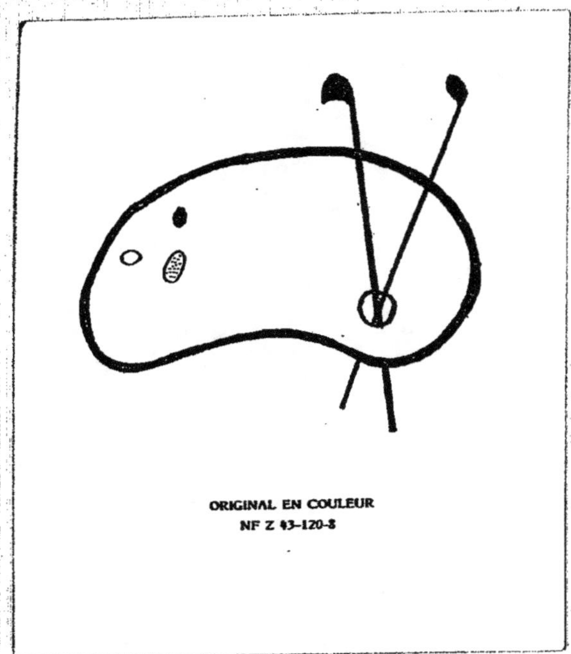

ORIGINAL EN COULEUR
NF Z 43-120-8